口絵 1　尖頭舟型墓標（➡ P.213）
左：東京都北区，右：大阪府阪南市

口絵 2　駒型墓標（➡ P.213）
大阪府岬町

口絵 3　舟型墓標（➡ P.214）
左：奈良市，中：大阪府和泉市，右：奈良県桜井市

口絵 4　櫛型（位牌型）墓標（➡ P.215）
左：大分県豊後高田市，中：三重県名張市，右：埼玉県熊谷市

口絵 5　笠付型墓標（➡ P.216）
左：石川県中能登町，中：島根県出雲市，右：福井県敦賀市

口絵 6　自然石墓標（➡ P.217）
鳥取県琴浦町

口絵 7　不定形墓標（➡ P.217）
埼玉県小川町「青石墓石」

口絵 8　頭書・烏八臼（➡ P.201）
左：石川県輪島市，中：栃木県足利市，右：鳥取県琴浦町

考古調査ハンドブック 21

近 世 墓 標

三 好 義 三

（大阪府 阪南市役所）

ニューサイエンス社

近世墓標調査のさらなる促進を期待

　近世「墓標の調査研究は若干の意欲的な先行調査を除けば，きわめて寂寂たるもの」(1976) であり，「墓標研究の白眉である坪井良平の木津惣墓の調査は，以降における研究のあり方を具体的に提示した先駆的業績として知られている」(1988)，との私見を披歴したのは 30 余年以前のことであった。

　爾来，久しくゼミナールなどで機会を得ては，近世墓標の調査と研究の必要性をアジテーションしてきた。探墓・好墓・好碑の掃苔的探訪録（『墓蹟』1926〜28，『掃苔』1932〜43）ではなく，考古学の方法による近世墓標の調査結果は，近世史の資料として看過することはできないと強調してきた。

　一方，長い研究歴の「石造美術」の調査と研究も進展し，資料のスケッチ・略測の域を脱し，考古学の手法による実測図の作成と写真が主流となり，対象資料の歴史的背景をめぐる考察も昔日の感を呈している。

　近年，歴史考古学の一分野として，多くの石造物を対象に調査研究が全国的に進展し，その成果は誠に目覚ましく，中・近世墓標についての調査が広範に展開され地域の実相を把握するのも容易ではない現状となっている。

　三好義三さんの『近世墓標』は，各地域の調査と研究の現状を鳥瞰するとともに「関係文献目録」を付載したハンドブックである。

　近世墓標の調査を若い頃から間断なく続け「近世墓標の形態と民衆の精神の変化について」(1986) を手始めに多くの論文を発表し，全国に資料を訪ねて広い視野から調査と研究を進めてきた著者の知見を総括している。研究展開の歴史，地域の様相，形態の諸相を総覧し，加えて近世墓標の形態の変化について触れた本書を手掛かりに，各地の近世墓標の調査が促進されることを願っている。

2021 年 1 月

坂詰秀一

（立正大学特別栄誉教授）

目　次

Ⅰ．近世の墓標と研究史

| 1 近世墓標とは

1. はじめに

　全国の一部地域を除いて，地域には寺院墓地や共同墓地が存在している。私たちの近隣にこれらの墓地があり，その多くが江戸時代以降に成立している。これらの墓地に建立されている所謂「古い墓石」が本書で取り上げる「近世墓標」である。

　一般的に，考古学と言えば，古墳や城跡，寺跡などの遺跡において，発掘調査を行い，その発掘調査によって出土した土器や瓦などの遺物を対象とした研究とイメージされている。墓地と墓標を対象とした研究は「発掘」「出土」というキーワード以外は，まさにこのイメージと同じである。墓地は遺跡であり，そこに存在する墓標は遺物である。戦前戦後において考古学研究をリードしてきた斎藤忠は，自身が行った近世墓標の調査研究において（斎藤 1982），墓地における調査区の設定に際し，「古墳群について試みられている方法をとった」とし，墓地における墓標調査に，古墳群における古墳調査を応用している。

　墓標を考古学の研究対象として確立させたのは，坪井良平である。坪井は現在の京都府木津川市において，墓地移転に伴い自身の休日を利用して数年かけて当該墓地にあった墓標を悉皆調査し，その成果をまとめて発表した（坪井 1939）。その成果から約 40 年後に坂詰秀一が墓標研究の重要性，有効性を説いた（坂詰 1976，1978）。

　坂詰は，近世墓標は「津々浦々にその資料が存在しているという性質よりして，手近かなそして親しみやすい研究対象である」とし，その研究成果は「地域史の解明をはじめ，仏教考古学の研究にとってきわめて重要である」と説いた。上述したように，墓標は，東京などの大都会から地方の山村，漁村に至るまで，どこにでも存在している。発掘調査といった手法に依らず，誰でもが調査研究の対象として扱える資料である

　後述するように，坂詰の提唱から近世墓標の研究は徐々に増加し，40 年を経て，全国各地で多くの研究者が様々な観点角度から行った研究成果が発表されている。この結果，形態変遷や墓標の普及時期などについて，全国的な傾向は

把握されるようになっている。しかしながら，既往の研究成果を改めてまとめてみると，同じ地域内においても近接する墓地で異なった様相が見られる事例が確認され，逆に異なった地域であるにもかかわらず，同様の様相が顕れている事例があるなど，解明されていない「地域史」の課題が多々ある。

　こうした課題に対峙するためには，この坂詰の提唱をさらに普及し，全国での調査成果を増やすことが重要である。「どこにでもある」「普通のお墓」が考古学研究の対象になり，「誰にでも」取り組める考古学研究であることを周知することが必要である。

2.　近世墓標の調査に当たって

　上述したように，近世墓標の本格的な考古学の観点からの調査は，坪井良平の山城木津惣墓における調査が端緒である。この坪井の研究から半世紀後に，坂詰秀一が近世墓標は津々浦々に存在しており，手近な親しみやすい資料であり，その調査は当該地域の歴史を解明するうえで重要であると，その調査の必要性を説いた。そして，近世墓標の調査カードの具体例を示した。以降，近世墓標の研究者は，それぞれが工夫しつつ調査を行い，墓標を資料化し，データベースを作成し，分析や考察を行っている。

　以下に坂詰の示した調査カードを含め，これまでの近世墓標研究において使用されたカードを調査順にいくつか示し，その特徴等を概観してみたい。

　図1は，坂詰が例示したカードである。「所在地」や「形状」，「銘文」，「材質」などの基本的な項目に加え，「頭書」を特記していることに留意したい。図2は，金沢市が野田山墓地の一部移転に伴い実施した調査のもので（金沢市2003），墓標だけでなく，埋葬施設である下部遺構の立会調査などのケースを想定して，3種類のカードが作成されている。墓標調査のカードには，あらかじめ行った形態分類に基づき，簡単な図を記載し，選択できるようにしているほか「墓碑の向き（東西南北）」の項目があるのが特徴的である。また，立会調査のカードでは下部構造との関係を示す項目が設けられている。図3は，『高崎市史』編纂に伴う墓標調査（高崎市2003）のカードで，あらかじめ行った形態分類に基づき，簡単な図を記載し，選択できるようにしている。また，「苗字」や「家紋の有無」の項目がある。図4は，朽木量が行った『平塚市史』編纂時の調査のもので（朽木2004b），被葬者数を「男」「男子」「女」「女子」に分けて記入

所　在　地			
墓　地　名 （寺院名）	（宗派：　）	時　　代	
墓標の種類		材　　質	
銘　　文	〔頭書〕	形　　状	
		（実測図・写真）	
		文　　献	
		所　有　者	
備　　考		調査年月日	

図1　墓標調査カード（坂詰 1976，1978 より）

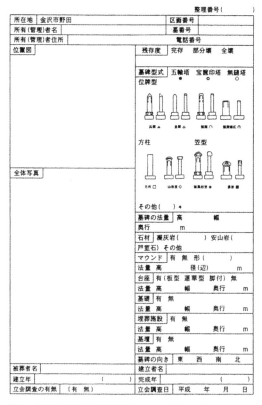

図2　金沢市野田山墓地調査カード（金沢市 2003 より）

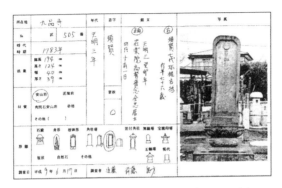

図3　高崎市墓地調査カード（高崎市 2003 より）

地 区		墓 地 名		宗 派	

墓地番号			家／区画番号		墓標番号	
家区画管理者						
西 暦	年	最新紀年銘		年	月	日
石 材	多孔質安山岩 ・ 火山礫凝灰岩 ・ 花崗岩 ・ その他（　　　　　）					
員 数	男　　人　　男子　　人　　女　　人　　女子　　人					
高 さ	cm	幅		cm	奥行	cm
基壇総高	cm（　段）	基壇幅		cm	基壇奥行	cm
笠 高	cm（　型）	笠 幅		cm	笠奥行	cm
型 式	碑 ・ 板碑 ・ 駒形光背（角碑） ・ 舟形光背（ナデ肩） ・ 別石笠塔婆 ・ 一材笠塔婆 実頭角柱 ・ 平頭角柱 ・ 丸台頭角柱 ・ 角台頭角柱 ・ 自然石 ・ 櫛型碑 ・ 別石五輪塔 一石五輪塔 ・ 宝篋印塔 ・ 五輪塔部材（　　　　） ・ 宝篋印塔部材（　　　　） 儭丸彫 ・ その他（　　　　）					
額型式						
種 子			家 紋 （　　　　　）			
頭 書	早世 ・ 嫡元 ・ 四會 ・ 四知 ・ 円寂 ・ 歸空 ・ 為 ・ 烏八臼 ・ マン ・ 卍 ・ ○ 名号 ・ 題目 ・ その他（　　　　）					
戒 名	院殿 ・ 院 ・ 庵 ・ 軒 ・ 居士 ・ 大姉 ・ 信士 ・ 信女 ・ 信男 ・ 信尼 ・ 禅定門 禅定尼 ・ 禅門 ・ 禅尼 ・ 善男 ・ 善女 ・ 童女 ・ 童子 ・ 孩子 ・ 孩女 ・ 咚子 ・ 水子 その他（　　　　）					
置 字	霊位 ・ 霊 ・ 位 ・ 各霊位 ・ 諸霊位 ・ 各霊 ・ 各位 ・ 各霊菩提 ・ 一家先祖累代之墓 一家之墓 ・ 〜各霊菩提也 ・ その他（　　　　）					
図 像	錫杖宝珠地蔵 ・ 合掌地蔵 ・ 如意輪観音 ・ 聖観音 ・ その他（　　　　）					
蓮	写実浮彫 ・ 図案浮彫 ・ 図案薄肉彫 ・ 図案線刻 ・ その他（　　　　）					
記録年月日	平成13年　　月　　日		記録者			

図4　平塚市寺院編墓標調査カード（朽木 2004b より）

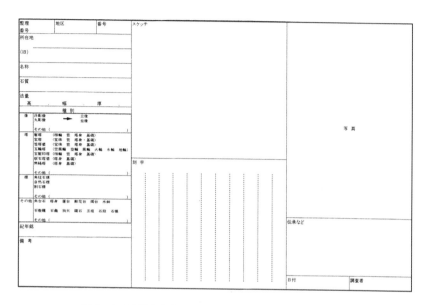

図5 立山町岩峅寺墓標・石造物調査票（立山町 2012 より）

する項目がある他，「蓮」項目を設けて「写実浮彫」，「図案線刻」等を選択できるようにしている点に特徴がある。図5は，立山・岩峅寺における調査（立山町 2012）のカードで，これもあらかじめ形態分類を行い，さらに，塔形については，残存部分を選択できるようにしている。図6は，関根達人が越前・三国湊において行った調査のものである（関根 2015）。墓標を資料として，「歴史人口学」研究の可能性を追求していることから，墓標に刻まれている被葬者銘についても視点を設けているのが大きな特徴である。この観点から墓標データと被葬者データ両方のデータベースの作成することを念頭に2種のカードを使用している。この他，「碑面の利用数」や「施主」についての項目がある。

　以上のように，調査カードの様式は，時代の経過−研究の進展により，資料化したい項目すなわち分析対象としてデータベース化するにあたっての入力項目が多様化されている。同様に，図示した形態分類のあらかじめの記載は，研究成果の蓄積によりある程度定まってきたこと，研究として確固たるものとなったことから，悉皆調査に当たり，入念に事前調査が行われているものと想定される。

図6 越前・三国湊所在墓標調査票（関根 2015 より）

近世墓標の調査を行う際は，事前の調査を行い，形態の概要や刻まれている銘文の概要を把握したうえで，カードを作成しておきたい。また，調査の目的に合わせた項目を設けておくと，データベースを作成するに当たって便利であろう。

3. 近世墓標の形態分類

考古学的な観点から近世墓標を研究では，その基本として墓標の形態分類がなされている。その方法は，研究者により，またその地域性により，多様化している。上述の坪井良平は，対象とした山城木津惣墓の墓標を「仏像類」，「背光類」，「尖頭型類」，「方柱型類」，「五輪塔類」，「無縫塔類」，「その他」という7分類して，その変遷等の考察を行った（坪井良平1939）。

以降，近世墓標の研究者は，自身が行った調査や研究において，それぞれの観点や考えにより，独自に形態分類を行ったうえで，研究を進めている。以下に主要な研究者が行った形態分類を研究がなされた順に概観し，その特徴等に触れてみたい。

まず，坪井の研究に続いて，近世墓標研究の重要性や必要性を説いた坂詰秀一は，1981年の千葉県・中山法華経寺における調査研究で（坂詰1981），図7に示すように，「塔形」（E型）と「非塔形」（A～D型）に分類した。この「塔形」と「非塔形」という大分類は，以降の研究に大きな影響を与え，多くの研究者がそれを踏襲している。また，「非塔形」には銘文を刻んでいる面の数により，「一観面」，「多観面」

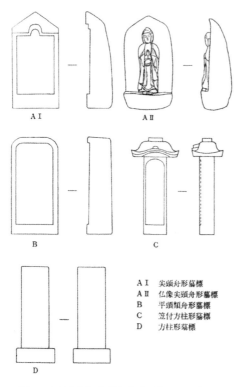

AⅠ 　尖頭舟形墓標
AⅡ 　仏像尖頭舟形墓標
B 　平頭類舟形墓標
C 　笠付方柱形墓標
D 　方柱形墓標

図7 中山法華経寺所在非塔形墓標の形態分類
（坂詰 1981 より）

という分類を取り入れた。この分類は形状の差だけに主眼をおかずに墓標を捉えたものであり，これも以降の研究にとって極めて画期的なこととなっている。

坂詰に次いで近世墓標研究を普及させた谷川章雄は，千葉県市原市高滝・養老地区の調査（谷川 1988）などにおいて，「塔形」（A類）とそれ以外を頭部と塔身の形態の差により分類（江戸市中及びその周辺の墓標）した（図8）。

図9は，池上悟による分類である（池上 2003a）。池上は坂詰が行った「塔形」，「非塔形」の大分類を踏まえ，「塔形」を「墓塔」と，「非塔形」を「墓標」と呼称し，「廟墓」や「地

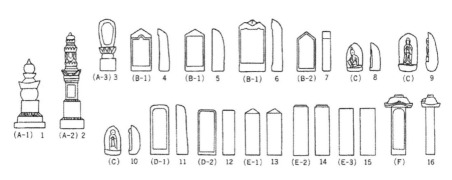

図8 江戸市中及びその周辺の墓標の形態分類（谷川 1988 より）

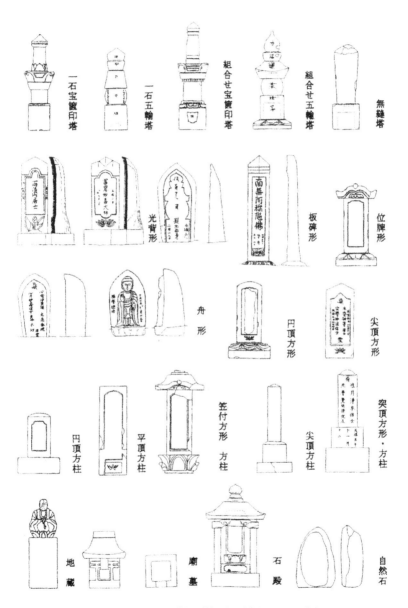

図9 池上悟による墓標形態分類（池上 2003a より）

蔵」などを「その他」の形態として大きく3分類を行っている。さらに，「墓標」については，頭部の形態を以て「尖頂」や「円頂」等と，体部の形態を以て「方形」や「方柱」等と分け，それらを組み合わせするなどにより，細分化している。島根県・石見銀山をはじめ，池上自身が全国で行っている調査でこの分類を使用している。

　白石太一郎らが大和盆地において様々な分野の研究者によって行った共同研究（白石・村木 2004a）では，モチーフに着目して「像類」，「塔類」，「文字類」の大分類がなされ，さらに「像類」と「塔類」はそれぞれ4分類，「文字類」は8分類に分類されている（図10）。

　青森・弘前や北海道・松前を発端にして，日本海沿岸での調査を行っている関根達人は，谷川，白石の分類を参考に「角柱形」，「有像」，「その他」に大別している。この3分類をさらに28種に分類している。関根は，新たな調査地で新たな形態が見出された場合，適宜追加し，2015年の福井県三国湊での調査報告時点では（関根 2015），これまでの自身による調査で74種類の形態が確認されたとしている。

　以上が主要な研究における近世墓標の形態分類である。上述したように，調査がなされた地域毎に様々な形態が存在することから，研究者によりその考えが多様化している。こうしたなかで，坂詰が提唱した「塔形」と「非塔形」をまず大別する方法は，非常に明確であり，多くの研究者が採り入れていることに留意しておきたい。非塔形墓標の分類や呼称については，池上の方法が現時点では最も客観的であると思われ，地域性を越えて対応できることから，有効であろう。一方，新たな形態の存在が確認できれば適宜追加するという関根の手法は，地域により多様性に富んでいる近世墓標の状況を鑑みると現実的である。

　この近世墓標の形態分類については，今後も研究者が行おうとする研究の主題を念頭に置き，それに最適な方法により適宜行われることが必要であると思われる。

モチーフ	石塔形式		特　徴
像類	有像舟形		外形が舟形光背状を呈し、仏像を有するもの
	有像櫛形		外形が櫛形を呈し、仏像を有するもの
	丸彫形		仏像を丸彫りし、台座を有するもの
	箱仏		ホゾをもつ箱の中に仏像を浮彫りするもので本来は別材の笠を有し仏龕状となるもの
塔類	五輪塔類	別石五輪塔	各輪が個別の部材からなる五輪塔
		五輪塔部材	別石五輪塔の部材で組み合わせがわからないもの
		一石五輪塔	各輪が一材からなる五輪塔
		半截五輪塔	一石五輪塔を半截した形のもの
		背光五輪塔	外形が舟形光背状を呈し、五輪塔を浮彫りあるいは線刻するもの
		不定形五輪塔	外形が不定形の石材で五輪塔を浮彫りあるいは線刻するもの
	宝篋印塔類	宝篋印塔	いわゆる宝篋印塔
		背光宝篋印塔	外形が舟形光背状を呈し、宝篋印塔を浮彫りあるいは線刻するもの
		櫛形宝篋印塔	外形が櫛形を呈し、宝篋印塔を浮彫りあるいは線刻するもの
	無縫塔類	無縫塔	いわゆる無縫塔
		六角無縫塔	外形が六角柱状の無縫塔
	板碑形		主頭部の下に二条線を有するもの
文字類	舟形		外形が舟形光背状を呈するもの
	駒形		舟形に比して肩部に稜線をもち圭頭状の頭部をもつもの
	櫛形		頭部が弧状を呈するもの
	横長形		西洋型やオルガン形などとも呼ばれる横長の竿部をもつもの
	不定形		石材を切り出したままの剥離面のみからなるものや、円礫など外形が不定形なもの
	角柱形	丸台頭角柱	上から見て円形の台状部をもつ角柱
		角台頭角柱	上から見て四角形の台状部をもつ角柱
		丘状頭角柱	台状でないが緩やかに盛り上がった頭部をもち頭頂部が平坦ではない角柱
		有突起角柱	丘状頭角柱や角台頭角柱の頭頂部に乳状突起をもつ角柱
		平頭角柱	頭頂部周囲を面取りしつつ平坦な頭頂部をもつ角柱
		尖頭角柱	頭部が四角錐状を呈する角柱
	笠塔婆		角柱状の竿部の上に別材の笠をもつもの
	円柱形		円柱形のもの

図10　大和盆地における墓標形態分類一覧表（白石・村木 2004a より）

② 近世墓標研究史

近年では，考古学の立場から近世墓標に関する研究は，一般的なテーマとして見受けられるようになっている。しかし，かつては民俗学や石造美術の分野から，また文献史学調査の一環としてなされた研究が主であった。以下に記すように，1980年前後に坂詰秀一が考古学的方法による近世墓標研究の活性化を促す（坂詰 1976, 1978, 1981）までは，考古学の観点からの研究は亜流であった。ここでは，上記のような理由から，近世墓標研究の歴史について，考古学以外の方面からの研究も含めて取り上げてみたい。また，近世墓標の研究は，他の資料を対象とした考古学的研究と同様に，その方法や観点等が大きく転換したポイント－画期となる重要な研究が認められる。

なお，既往の近世墓標の研究においても，その研究史について，いくつかの画期を設けて論述している例が見受けられる。朽木量は，2010年に著した論考で（朽木 2010），それまでの研究の成果を4時期に分けてその歴史を概観している。筆者も近世墓標研究を始めた1980年代中頃に，その当時までの研究史について，3時期に分けて論をまとめたことがある。そこで，本稿では筆者の考えていた3時期を基に，朽木らの研究成果を踏まえ，さらに1980年代以降の研究の進展状況を加味して，以下のような4期に区切って近世墓標研究の流れをみていくことにしたい。

その4期を区切る画期となった重要な研究は，1番めが坪井良平の研究（坪井 1939）で，2番めが坂詰秀一（坂詰 1981）・谷川章雄（谷川 1984）の研究，そして3番めが池上悟（池上悟 2003a）・田中祐介（田中祐介 2002）・白石太一郎・村木二郎を中心とする研究者によるもの（白石・村木 2004a）である。

1. 第1期 「萌芽期」

坪井の研究が発表される以前は，いわば「萌芽期」とも言える時期で，古代からの墳墓の概略的な流れを観てきた延長上にあるものとして，近世墓標を取り扱っている論考が中心である。また名墓研究として，有名著名人の墓標を取り上げている論考がみられる時期である。この期の主な研究としては，平子鐸嶺「本邦墳墓の沿革」（平子 1899），八木奘三郎『考古精説』（八木 1910），永

濱宇平『三重郷土誌』（永濱 1922），後藤守一『墳墓の変遷』（後藤 1932），沼田頼輔「墓碑の形式」（沼田 1933）などがある。これらの研究を受けて，坪井が墓標を考古学の資料として捉え，「背光型五輪塔」（坪井 1931），「大和興山の墓標」（坪井 1935），「一石五輪塔—墓標資料—」（坪井 1936）を『考古学』誌上に相次いで発表した。そして，その到達点として「山城木津惣墓墓標の研究」（坪井 1939）をまとめ，考古学的観点からの近世墓標研究の可能性を説いた。

2. 第2期 「発展期」

　坪井が考古学の研究対象として近世墓標研究を位置付けて以降，次の坂詰・谷川両氏の論考で集約されるまでの時期は「発展期」とも言える。墓標を実際に調査し報告される例が出てくる。考古学的方法による墓標研究の必要性が説かれる時期でもある。また考古学以外の民俗学や文献史学研究の一環として，地方の市町村史の編纂事業などとして調査される例がみられる。具体的には，川勝政太郎や日野一郎が考古学の概説書で墓標や石造物を取り上げ（川勝 1956，日野 1953），池上年や中川成夫，木下密雲らが一地域においてフィールド調査を行っている（池上年 1962，木下密雲 1967，中川 1968）。また，民俗学の観点からは竹田聴洲や土井卓治，長沢利明，河野真知郎らが墓標を資料として扱っている（竹田 1966 ほか，土井 1972，長沢 1978，船橋市 1978）。さらに，自治体が取り組んだ事例としては，熱海市や昭島市，三原市などがある（熱海市 1968，昭島市 1976，三原市 1979）。

　これら様々な観点からの報告・研究をまとめ，研究の今後の必要性・方向性・指針を示したのが坂詰・谷川である。

　このうち，坂詰は 1976 年に「仏教考古学の調査法」（坂詰 1976, 1978）を著わし，近世墓標の研究動向と要点を整理して，今後の研究の方向性や課題などについてまとめたうえで，具体的な調査方法も提起して，調査の重要性，必要性を説いた。また，谷川は 1980 年に「近世墓塔の分類と編年について」（谷川 1980）を著した。ここで，形態分類やその名称が統一されていないことが墓標研究・調査の障害になっているとして，「合理的な分類方法」を提示した（図 11）。

後藤守一	坪井良平	和田謙寿	立教大学	田中健司	竹田聴洲	河野真知郎
位牌形石碑	仏像類	以前からの世	角柱状のも	角柱石塔	宝塔	板碑形
舟後光形地蔵	型式番号 1	襲によるとこ	の	五輪塔	層塔	舟形
浮彫石碑	2	ろの墓碑	A	板碑	積成五輪塔	丸頭形
笠付石碑	3	層塔	B	無縫塔	一石五輪塔	尖頭形
無縫塔	4	宝塔	C	一石五輪塔	一石半截五輪	台頭形
祠形	5	宝篋印塔	D	笠塔婆	塔	笠頭形
香匣形石碑	6	五輪塔	E	自然石塔	宝篋印塔	駒形
打切形石碑	7	無縫塔	F	舟形光背浮彫	無縫塔	角頭形
兜巾形石碑	8	板碑	G	石仏坐像	板碑型碑	
破風付板碑形	背光型類	角 碑	板碑状のも	舟形光背浮彫	丸彫像碑	
石碑	型式番号11	屋根付角碑	の	石仏立像	自然石型碑	
櫛形石碑	12	笠付角碑	H	丸彫石仏坐像	舟型光背浮彫	
	13	櫛形角碑	I	長方型石柱塔	像碑	
	14	尖頭形角碑	J	石龕	沈刻浮彫像碑	
	15	中高形角碑	卵塔型のも	石幢	舟型光背	
	16	耳張角碑	の	六角型石柱塔	箱仏	
	121	平石形角碑	K	塔の笠石寄集	自然石	
	尖頭型類	駒形角碑	五輪塔型の	墓	舟型光背欠像	
	型式番号17	舟形碑	もの		碑	
	18	舟形碑	L		笠塔婆	
	方柱型類	一体双舟形	宝篋印塔型		位牌型碑	
	型式番号21	墓碑	のもの		円柱型碑	
	22	仏像入舟形	M		方柱型碑	
	23	碑	自然石を利		尖柱型碑	
	24	蓮華文様入	用したもの			
	25	リ舟形碑	N			
	26	祠状墓石	O			
	27	特異形の墓碑				
	28					
	261					
	五輪塔類					
	型式番号31					
	32					
	33					
	無縫塔類					
	型式番号29					
	その他					

図11 谷川章雄が集約した近世墓標の分類と名称（谷川 1980 より）

3. 第3期 「確立期」

　坂詰らが提示した研究の必要性・方向性を受けて，これ以降近世墓標の調査・研究が本格的に行なわれることになった。このため，この時期を「確立期」と位置付けた。

　具体的な事例としては，坂詰による中山法華経寺の調査（坂詰 1981），谷川の千葉県市原市における調査（谷川 1989）をはじめ，静岡県大須賀町の撰要寺（斎藤 1982），高知県十和村（岡本 1986），大阪府泉佐野市（三好 1986），神奈川県秦野市（秦野市 1986），東京都新宿区（新宿区 1987）などで調査が行われた。こうした調査研究の高揚を受け，1988 年には『考古学ジャーナル』誌上において「中・近世墓標研究の回顧と展望」とのテーマで特集が組まれた。

　さらに，1990 年代に入ると，研究のテーマや目的が多様化し，関口慶久，朽木量，時津裕子らがその目的に沿ったフィールドを設定して墓標調査を行い，成果をまとめている（朽木 1996 ほか，時津 1998 ほか，関口 2000）。また，自治体が総合的な歴史調査の一環で墓標を対象にする事例，発掘調査に関連して墓標も調査がなされる事例が顕著になるのもこの頃である。その主な事例として，前者では大分県による国東半島における荘園調査（大分県立宇佐風土記の丘歴史民俗資料館 1983，他）や岩手県胆沢町（現・奥州市）による調査（胆沢町 1993），後者では大分市の女狐近世墓地の調査（大分県教育委員会 1997 他）などがある。

　なお，1985 年に横山浩一が考古学における研究法のひとつである形式論を論じた際に，坪井の「山城木津惣墓墓標の研究」の事例を取り上げ，墓標全体の形式変遷（図 12）やひとつの形態における変化（図 13）について，セリエーショングラフを初めて作成し，この有効性を説いた（横山 1985）。以降，近世墓標の調査では，このセリエーショングラフを用いて，その分析結果を報告，論じることが主流となり，近世墓標研究に大きな影響を与えた。

　こうした研究の多様化や拡がりを受けて，池上悟は全国各地で行われた既往の調査研究を概観し（図 14），提示されている形態分類を踏まえて，各地で汎用できる形態分類を提示した（図 9）（池上悟 2003a）。また，田中裕介も大分県内で行われた調査を集約し，全国における墓標調査成果と比較検討を行うことにより，今後の研究の課題や論点をまとめた（田中裕介 2002）。

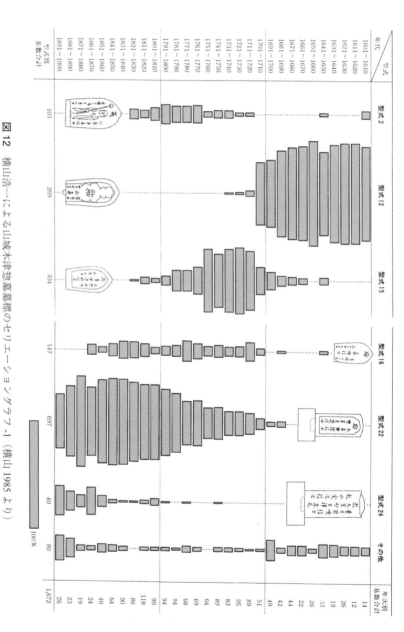

図12 横山浩一による山城木津惣墓墓標のセリエーションクラフ-1（横山1985より）
京都府木津惣墓における墓碑の形式別出現頻度の変遷
［岩波講座日本考古学1研究の方法］「型式論」横山浩一 岩波書店 1985年（坪井良平「山城木津惣墓墓標の研究」データによる）

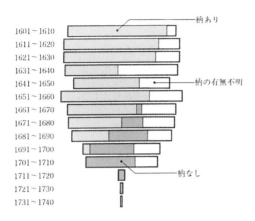

図13 横山浩一による山城木津惣墓墓標の
セリエーショングラフ -2（横山 1985 より）
木津墓碑型式 12 における（ホゾ）のない墓碑の出現頻度
『岩波講座日本考古学 1 研究の方法』「型式論」横山浩一 岩波書店 1985 年
（坪井良平『山城木津惣墓墓標の研究』データによる）

　さらに，白石太一郎，村木二郎は，国立歴史民俗博物館の共同研究として，
多くの研究者と共に，奈良県内で墓標調の悉皆調査を行い，データを共有化し
て，様々な観点から論考をまとめた（白石・村木 2004a）。まとめられた研究成
果は膨大なものであり，多様な観点からの取り組みを提起したことが以降の近
世墓標研究のあり方を大きく変容させるものとなった。

　以上のように，この確立期は，坂詰らが近世墓標研究の重要性，必要性を喚
起したことにより，多くの調査研究を生み出し，一般化した時期と言える。そ
して，池上，白石らの研究により，個々の研究者によって差異があった形態分
類がある程度統一され，研究方法の入口が整理されたことで，研究も次のステッ
プに上がり，新たな展開につながっていったと意義付けておきたい。

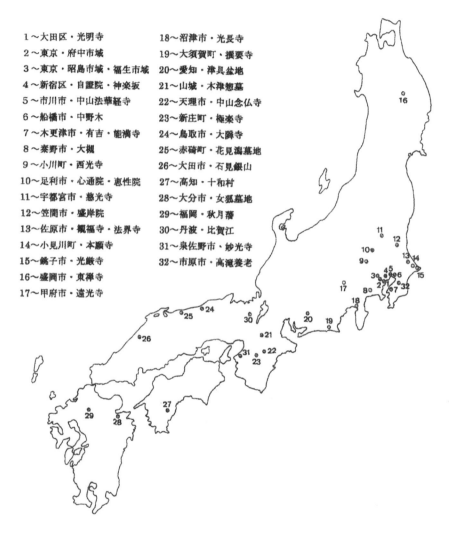

1～大田区・光明寺
2～東京・府中市城
3～東京・昭島市城・福生市城
4～新宿区・自證院・神楽坂
5～市川市・中山法華経寺
6～船橋市・中野木
7～木更津市・有吉・能満寺
8～秦野市・大槻
9～小川町・西光寺
10～足利市・心通院・恵性院
11～宇都宮市・慈光寺
12～笠間市・盛岸院
13～佐原市・観福寺・法界寺
14～小見川町・本願寺
15～銚子市・光厳寺
16～盛岡市・東禅寺
17～甲府市・遠光寺

18～沼津市・光長寺
19～大須賀町・撰要寺
20～愛知・津具盆地
21～山城・木津惣墓
22～天理市・中山念仏寺
23～新庄町・極楽寺
24～鳥取市・大隣寺
25～赤磯町・花見潟墓地
26～大田市・石見銀山
27～高知・十和村
28～大分市・女狐墓地
29～福岡・秋月藩
30～丹波・比賀江
31～泉佐野市・妙光寺
32～市原市・高滝養老

図14　近世墓標の調査研究が行われた地域（池上悟2003aより）

4. 第4期 「新展開期」

　本格的に行われるようになった近世墓標研究を集約して，近世墓標の形態分類やより客観的な名称を付けた池上の成果と，複数の研究者が集い，一地域の寺院墓地を悉皆調査して資料化したデータを用いて，研究者がそれぞれ個別のテーマを設定して考察を行った白石らによる成果によって，近世墓標研究が「確立期」とは別の意味でさらに多様化が進み，新たな領域に入ったとして，以降から現在までを「新展開期」の研究と捉えることとした。

　この「新たな領域」とは，研究の地域的な更なる拡がりや，研究視点・観点の拡大である。このうち地域的な拡がりをみると，上述の池上が2003年に集約した既往の調査は，南関東，近畿，九州地方に集中していたが，東北地方や北海道，北陸などにおいても，調査が実施されるようになり，その様相が徐々に明らかになってきている（東北芸術工科大学2007，関根2007a，立山町2012，など）。一方，研究・観点の拡大については，資料化された墓標データを活用して，地震や津波，飢饉等の災害という歴史事象の考証，この事象に基づいた人口変動の研究といった社会学的観点からの考察がなされるようになったこと，さらには大名墓研究と結びついて儒教思想に則った墓標の存在が知られるようになり，この儒式墓標の研究も近年行われるようになっていることなどが挙げられる。

　人口動態などの社会学的観点からのアプローチとしては，関根達人が問題提起を行い，津軽を中心に研究を進めている（関根2010，関根・澁谷2007a，など）。儒教思想に基づく墓標の研究については，坂詰秀一による大名墓の発掘調査に端を発した松原典明による調査研究が嚆矢となっている。松原は，儒者の墓標の形態からその系譜（師弟関係）などを明らかにするなど，考古学的な手法により儒者の動向，ひいては近世における儒教思想の様相について論究している（松原2012a，2013 他）。

　この第4期は，近世墓標の研究が地域的にも拡がりを見せ，また近世墓標を資料として，歴史学に留まらず，社会学的な範疇とも言える研究がなされるようになったこと，さらにはこれまで顧みられなかった儒教という（近世において幕藩体制が確立した寺檀制度があるが故に）内在していた分野へも新たに展開していったことから，新展開期として位置付けた次第である。

　現時点における近世墓標研究は，この新展開期にあるとしたが，坂詰・松原が提起した儒教思想との関わりや関根らが進めている社会学的分野への応用等の研究が進捗すれば，これらの研究をもってひとつの画期となることも十分に考えられよう。

　以上のように，近世墓標に関する研究史を4期に区切って述べてきた。この時期を再度まとめてみると，次のようになる。

○萌芽期 ── 近世以前からの墓の変遷を追ってきた流れのひとつとして墓標の形態を考察。坪井が考古学的な方法で調査・研究を行ない，墓標の考古学的研究を確立，新しい方向へ動く。

○発展期 ── 坪井の研究をうけて，考古学・民俗学・文献史学のそれぞれの分野からそれぞれの視点を以て調査・研究が進められる。坂詰・谷川がこれらを集成し，問題提起をおこなう。

○確立期 ── 坂詰らに促進させられ，近世墓標の調査研究が増加し，研究者の多様化が始まる。池上や白石・村木らの研究により一定の集約が行われ，新たなテーマが提起される。

○新展開期 ── 池上，白石・村木の研究により，さらに研究者が増加，関根らの研究に見られるように，近世墓標を資料として活用した新たな研究が現れ，坂詰や松原により仏教以外にも観点が生じるようになっている。

　近世墓標の研究には，このような経過がみられるが，近世墓標の調査が一層進展することにより，資料として蓄積がなされれば，さらに新たな研究の視点が開拓されることとなると思われる。今後も，様々な観点から近世墓標の調査・研究が積極的に行なわれることを期待したい。

Ⅱ．近世墓標の地域的実相

①　北海道・東北地方の様相

1．北海道

　北海道には近世中期以降，渡島半島に松前藩が置かれていた。この松前では，
松前町が町史編纂事業の一環で松前城下内に所在する寺院墓地の墓標調査を
行っている。そしてこの調査成果をベースにして，関根達人を中心とする研究
者が様々な観点から当該地における墓標の研究に取り組み，研究成果をまとめ
ている（関根 2012）。関根らは，松前町の旧城下町内とその周辺に所在する墓
地 16 ヵ所の墓標を悉皆調査し，文献史料とも併せることにより，「近世社会の
構造を理解すること」，「近世社会の人口動態を明らかにすること」の 2 点を大
きな目的に掲げている。

　具体的には，まず寺院等に残る文献史料をおさえたうえで，墓標の形態や規
模，石材といった非文字資料との対応関係を明らかにし，その寺院や墓地の所
在する藩や村といった地域社会の特徴や構造を考察したものである。

　これにより，松前藩主や有力家臣が採用している形態は「石廟」で，藩主の
子女や一定の家臣には「五輪塔系」が，「笠塔婆」と「位牌形系」は武家層が
採用されている。この他，「櫛形」や「角柱形」は大型のものは武家，小型の
ものは町人の墓標形態となっている。なお，この「櫛形」と「角柱形」では
102 センチを境にして，それよりも大きい場合は武家の，小さい場合は町人の
墓標が見られる傾向にあるとのことなどが示された。また，形態や石材の観点
からの研究により，松前では 1670 年代までは越前勿谷石が主流であったものが，
そこを境に花崗岩の搬入が増大していることが明らかにされており，これを河
村瑞賢が寛文 12 年（1672）に開拓した西廻り航路の開拓と関連性があるので
はないかとまとめている。

　上述したように多くの研究者がこの調査に参加しており，調査によって資料
化された墓標を活用して，様々な観点から研究がなされている。

　関根自身は，前述した目的のひとつである「江戸時代の人口動態」につい
てまとめているのをはじめ，朽木量が墓地空間，澁谷悠子が家墓の形成過程，
関口慶久が松前城下と周辺の村落との比較，冨塚博子は複数の被葬者の続柄

（図15），林久美子は墓標の斉一性と地域性についてまとめている。このうち，林の論考は既往の調査研究の成果と松前の調査を比較検討することにより，「台状頭角柱形」と「角錐（尖頭）角柱形」の分布について分析を行ったもので，前者が「関西系」で後者が「関東系」であると結論づけている（図16）。

松前以外では，朽木量が東部の厚岸町にある国泰寺墓地における墓標を調査している（朽木2007）。同

	17世紀	18世紀	19世紀
夫婦		21	70
親子	1	20	96
兄弟		10	32
祖父母と孫		7	23
おじ・おばと甥・姪		5	1
曾祖父母と曾孫			5
施主の兄弟と孫			1
施主の母と義理の母			2
前妻と後妻		1	4
先祖	2	3	

※19世紀に義理の親子1件
※19世紀に義理の兄弟3件

図15 同一墓標に刻まれた被葬者の続柄
（関根2012より）

図16 角柱形墓標分布図（関根2012より）

寺は文化元年（1804）に江戸幕府によって建立された蝦夷三官寺のうちのひとつである。形態変遷は，位牌型から角柱型に移行する本州と同様の傾向があることを把握し，これを当該地を支配していた仙台藩の関係によるものとしている。また，石材については安山岩，花崗岩，砂岩等多様で，様々な地域から持ち込まれたとしている。

　なお，以上の研究の他，関根も現在の北海道を東蝦夷地と西蝦夷地に分け，江戸時代における石造墓標の分布状況を調査している（関根 2013a）。

2．青森県

　青森県においても，関根達人が近世墓標を資料として様々な研究に取り組んでいる。

　関根は澁谷悠子との共著において，江戸時代における人口について，これまでの文献史料に拠らず，近世墓標を資料として，当該期の人口やその変動等「歴史人口学」研究の可能性を追求している（関根・澁谷 2007c）。

　具体的には，津軽地方の弘前や青森，相馬，十三など，城下町や港町，山村，農村という立地条件や性格の違う町や村の墓地に所在する墓標と刻まれた被葬者を資料として，その造立数や被葬者数の変遷について，分析を行った（図17）。この結果，津軽地方では，性格の異なるすべての地域で墓標数も被葬者数も18世紀前半に増加し，中頃に一度減少した後，後半に再度増加する傾向があることを明らかにした。併せて，当該地域の宗門人別帳等と照らし合わせることで，被葬者数が増加している時期には，文献史料からみた人口や戸数が減少しているという関係性を明らかにし，「歴史人口資料としての近世墓標資料の有効性が証明できた」とまとめている。また，全国各地で行われた近世墓標の調査事例を対比し，造立数の増減の特徴から，「畿内型」と「東日本型」，さらに「東日本型」には「東北型」と「関東型」があるとした。そして，「東北型」と「関東型」では墓標の普及に10年程度の差があること，「東北型」には上述した津軽地方の特徴である18世紀後半に増加していることなどを提起し，後者については東北地方を襲った天明と天保の飢饉の影響によるものとしている。

墓標・過去帳・宗門人別帳の調査地

分析対象一覧

近世墓標	西茂森寺院街	新寺町寺院街	田舎館村内墓地(八木2000)	鰺ヶ沢町内墓地	旧相馬村内墓地(相馬村教育委員会編1993)	旧浪岡町内墓地(浪岡町史編纂委員会編2003)
所在地	青森県弘前市西茂森	弘前市新寺町	南津軽郡田舎館村	西津軽郡鰺ヶ沢町	旧中津軽郡相馬村(現弘前市相馬など)	旧南津軽郡浪岡町(現青森市浪岡など)
歴史的環境	弘前城下町 弘前藩祖津軽為信が慶長八(1603)年の町割に際し、領内の寺院を一ヶ所に配置した曹洞宗寺院街	弘前城下町 西茂森寺院街とほぼ同時期に前身の寺町寺院街が形成され、慶安二(1649)年の大火を契機に現在地に移動	弘前藩領田舎館組 稲作中心の農村	弘前藩領鰺ヶ沢町・赤石組 津軽四浦の一つに数えられる港町	弘前藩領駒越組 稲作と炭焼きを生業とする山村	弘前藩領浪岡組 増舘組・飯詰組 畑作 炭焼きを生業とする農村
調査墓地数	27ヶ寺1ヶ所	19ヶ寺1ヶ所	16ヶ所	10カ寺	7ヶ所*1	詳細不明
近世墓標数	4197基(1805〜1868年)	2040基(1602〜1868年)	350基(1644〜1868年)	289基(1665〜1868年)	214基(1651〜1868年)	558基(1662〜1868年)
被供養者数*2	7809人	3294人	663人	466人	343人	―

＊1　個人宅　近世墓標が10基未満の墓地は除く
＊2　没年不明の被供養者は除く

図17　墓標・過去帳・宗門人別帳の調査地（関根・澁谷2007cより）

3. 岩手県

　岩手県では，学史において触れた中川成夫による平泉町における調査（中川 1968）が先駆的研究として知られている。この他，胆沢町（現・奥州市）における調査（胆沢町1993），前沢町（現・奥州市）における豪農の墓地調査（前沢町2002），発掘調査の事例などがある（金ヶ崎町1991，1998）。

　このうち，発掘調査で確認された墓標については，その多くが加工を受けていない扁平な円礫の表面に銘文を刻んだものである。この円礫墓標については，前沢町の調査においても触れられており，当該地域の特徴のひとつであると言えよう（図18）。

図18　円礫墓標写真（前沢町 2002 より）

この他，池上悟が盛岡市に所在する東禅寺において行った調査がある（池上悟 2003a）。同寺は盛岡藩主の菩提寺に隣接する寺院で，藩士の墓地として形成されたとされ，同墓地における墓標の形態や変遷について，形態はわずか4種類で，「光背形」が江戸時代初期の寛永期から幕末まで継続して造立されており，他地域では見られない特異な様相を呈していると指摘している。他地域の調査で近世を通じて最もポピュラーな形態とされる「円頂方形墓標」（櫛型）については，18世紀初頭の正徳期に造立されているものの，数的には少数であるとしている。

4. 宮城県

　宮城県では，西本和哉が南三陸町において，近世墓標の調査を行い，東北3大飢饉についての研究成果を発表している（西本 2015）。西本は，同町志津川の丘陵部に点在する6ヵ所の墓地を対象に悉皆調査を行い，それぞれの墓地の成立過程や墓標の造立数の変化，戒名の変遷等を分析，考察した。そのうえで，宝暦，天明，天保の東北における3期の大飢饉を，文献史料と合せて，近世墓標の造立との関係性についてまとめている（図19）。

　これらの墓地では，18世紀の前半から中頃に造立が始まり，明治期まで継続されている。戒名の位号については，「禅定門・禅定女」が最も多く，墓標の初現期から明治期まで確認されている（図20）。関東地方で見られる「禅定門・

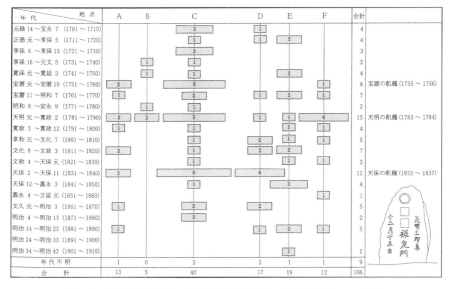

図 19 南三陸町志津川における墓地別墓標数の変遷（西本 2015 より）

禅定女」→「信士・信女」という変遷は見られず，異なった様相を示している。

　形態については，自然石の正面を円滑に仕上げるかそのままの状態かの差はあるにしても，調査により資料化された 106 基の墓標のすべてが正面に銘文を刻んである自然石の資料のみである。また，正面上部にには円相が刻まれ，その下に戒名，さらにその下に蓮弁が，戒名右に没年，左に年月日が刻銘されるという共通性を有している（図 21）。こうした共通性は，上記の位号の傾向と同様に，これらの墓地における被葬者の階層に差がなかったことと矛盾してないとしている。

　3 大飢饉との関係については，図 19 に示すように，飢饉が発生した年を含む 10 年間の造立数が，その前後に比べて多くなっていること，さらにそれぞれの飢饉の当該年の紀年銘が刻まれた墓標が 1 年に最大 3 基あることなどから，飢饉の影響が墓標にも表れているとまとめている。

　この他，北上町（現・石巻市），瀬峰町（現・栗原市）では，近世墓の発掘調査に伴い墓標の調査も行われている（河北地区教育委員会 1986，瀬峰町 1988）。

　このうち，北上町の調査は，当該地域在住の某家の墓地の発掘調査が行われ

	信士	信女	禅男	禅女	禅定門	禅定尼	善男	善女	童子	童女	孩子	孩女	孩児	善助	孫子	合計(人)
元禄14～宝永7 (1701～1710)					1	3										4
正徳元～享保5 (1711～1720)					2	1										3
享保6～享保15 (1721～1730)	1					2										3
享保16～元文5 (1731～1740)					1											1
寛保元～寛延3 (1741～1750)					1	2										3
宝暦元～宝暦10 (1751～1760)					6	1										7
宝暦11～明和7 (1761～1770)					3	4										7
明和8～安永9 (1771～1780)					1											1
天明元～寛政2 (1781～1790)					4	1	2	4								11
寛政3～寛政12 (1791～1800)					1	1		1								3
享和元～文化7 (1801～1810)	1							3								4
文化8～文政3 (1811～1820)		1				1			2	1						5
文政4～天保元 (1821～1830)						1	1	1								3
天保2～天保11 (1831～1840)	1				4	3		1			1	1	1			12
天保12～嘉永3 (1841～1850)						1	1			1			1			4
嘉永4～万延元 (1851～1860)							1									1
文久元～明治3 (1861～1870)	3	1		1	2											7
明治4～明治13 (1871～1880)			1		1	1										3
明治14～明治23 (1881～1890)		2		1									1	1	1	6
明治24～明治33 (1891～1900)																0
明治34～明治43 (1901～1910)	1															1
合　計　（人）	7	4	1	2	27	22	5	10	2	2	1	1	3	1	1	89

図20　南三陸町志津川所在墓標に見える位号の変遷（西本2015より）

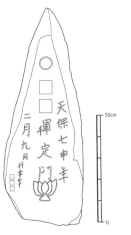

図21　南三陸町志津川所在自然石墓標
（西本2015より）

たものである。この調査報告では，銘文が稚拙な墓標が存在することが紹介されている。これについて，当該地域では石を刻銘する道具が寺院に備え付けられており，その道具を建立者に貸し出し，それを以て建立者が刻銘するという伝承があることを裏付ける資料であるとしている。なお，本遺跡は下部施設－墓坑－の調査も行われているが，そのうちの数基は上部施設－墓標－が原位置を保っていたことから，全国的にも貴重な事例となっている。

5. 山形県

(1) 村山地域

　山形県においては，東北芸術工科大学の荒木志伸が中心となって，天童市内に所在する佛向寺をはじめ，同市内の7ヵ所の墓地において，墓標を調査した成果がある（東北芸術工科大学 2007）。

　調査では，墓標の形態別の造立数や形態変遷，石材と形態との関係，戒名の変遷，被葬者数の推移等について，分析，考察が行われている。その結果，関東地域をはじめとする他の地域の先行研究との比較として，「櫛形の出現がやや遅めでそれへの依存度が低い」「不定形・自然石が主要形式のひとつ」「（角柱のなかでも）丘状頭角柱の占める割合が高い」とその特徴を挙げている。そして，前2者については山形盆地共通の地域性，後者については天童市域の特徴と位置付けられる可能性があるとまとめている。また，近世墓標の出現が他地域から若干遅れること，一般的には櫛型の形状は縦長であるのに対して，天童市域では横長を呈していることなどについても，本調査における特徴として触れられている。さらに，今後の課題として，天童市内だけでなく県内では 17 世紀第 2 四半期以前の資料は確認されていないとしたうえで，同県に所在する立石寺の磨崖碑に 17 世紀前半の資料が存在していることとの関連性が提起されている。

　なお，この同大学における調査に携わった学生がその調査成果を活用し，墓標と戒名や石材について詳細に考察した論考も発表されており，様々な観点からなされた総合的な研究として位置付けられよう（小座間・荒木 2006，三浦・荒木 2008，佐藤・荒木 2008）。このうち，佐藤・荒木は 1 基の墓標に複数の戒名が刻まれている資料を分析し，ひとつの墓標に宗派の異なる者が被葬されている事例を明らかにしている。

　この他，村山正市は，近世初期に盛行する「板碑型墓碑」（図 22）について，天童市や山形市の寺院墓地や共同墓地において調査を行い，その頭部の形態を分類したうえで，立石寺に所在する磨崖碑の調査成果とも併せ，編年をまとめている（図 23，図 24）（村山 1995）。村山が最も初期のものとした形態は，頭部山形の斜面が直線ではなく中ほどで窪んでおり，関東地方では見られないものであることから，当地方特有の形態に位置付けられよう。

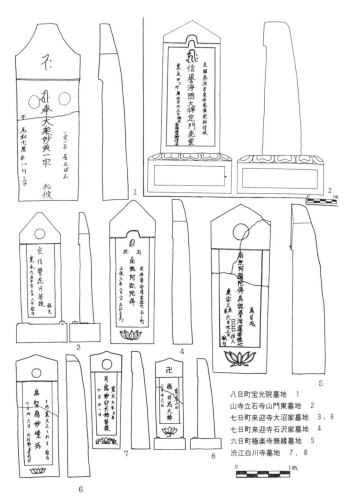

図 22　山形市所在「板碑型墓碑」実測図（村山 1995 より）

　また，川崎利夫は，天童市内の山村部において，山麓等に散在する小規模な
墓地に所在する墓標の調査を行い，同じ天童市でも町場とは異なり，17 世紀代
の墓標がほとんど見られないこと，塔形墓標の出現が近代期以降になることを
報告している（川崎利夫 2009b，2010）。

A類
B類
C類
D類
A1
A2
B1a
B1b
B2
B3
C1
C2
C3
C4
C5
D1
D2

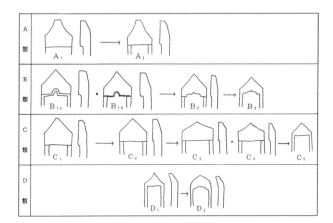

図 23 「板碑型墓碑」形態変遷（村山 1995 より）

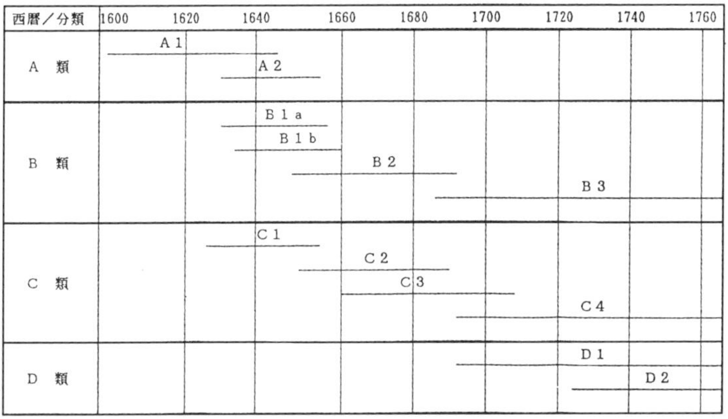

西暦／分類
1600
1620
1640
1660
1680
1700
1720
1740
1760
A 類
B 類
C 類
D 類
A 1
A 2
B 1 a
B 1 b
B 2
B 3
C 1
C 2
C 3
C 4
D 1
D 2

図 24 「板碑型墓碑」編年（村山 1995 より）

(2) 庄内地域

県内西部の日本海側では，酒田市や鶴岡市における鈴間智子の研究成果がある（鈴間 2013）。鈴間は各地の石屋を転々と渡り歩く「渡り石工」の活動状況について，近世墓標の形態や使用石材の観点から追究している。

　具体的には，山形県酒田市林昌寺と鶴岡市大督寺に所在する墓地の墓標について調査を行い，変遷や使用石材の状況（図25），造立数の推移（図26）をおさえたうえで，既往の調査－北海道松前町松前城下寺院群調査と合わせることで，渡り石工の動向を把握しようと試みている。酒田市における調査の成果で，津軽海峡付近で分布の見られる真珠岩製の墓標が見られることなどを挙げている。この真珠岩製の墓標裏面がえぐられている事例が多数あることを軽量化したことによるものとし，これをもって，「生産地で成形後に流通し，被葬者の没年や戒名などに限り消費地で刻んでいた」と推測している。

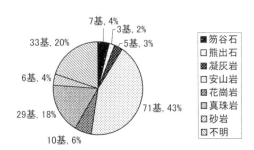

図25　酒田市林昌寺所在墓標使用石材割合
（鈴間 2013 より）

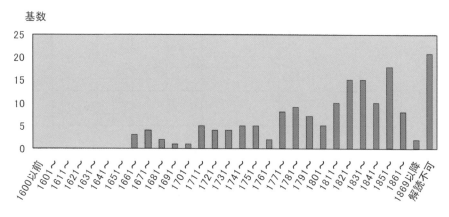

図26　酒田市林昌寺所在墓標の造立数の変遷（鈴間 2013 より）

② 北関東地方の様相

1. 群馬県

　群馬県では，高崎市において市史編纂事業の一環として行われた調査がある。同市は市内4ヵ所の寺院に所在する墓標を悉皆調査した（高崎市2003）。同市が対象とした4ヵ所の寺院については，城下町，宿場町，農村といった性格の異なる地域から，墓標の総数が多く，近世当初から末までの墓標が揃っていることなどを条件として，その4ヵ所の寺院を抽出したとされている（図27）。

　4寺院のうち，宿場町に所在する九品寺は，同市南部の倉賀野町にあり，近世には中山道の倉賀野宿として繁栄していた。同寺における墓標の初見は万治元年（1658）で，他の3ヵ寺に比べてかなり遅れており，17世紀中の墓標造立数の割合も低いとのことである。元禄年間の1700年頃から造立数が増加し，享保年間（1730年頃）に第1のピークがあり，その後も増加して，天明年間（1780

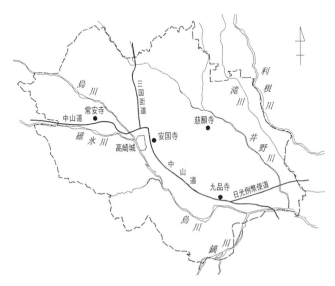

図27　高崎市調査墓地位置図（高崎市2003より）

和暦	慶長	元和	寛永	正保	慶安	承応	明暦	万治	寛文	延宝	天和	貞享	元禄	宝永	正徳	享保
西暦	1600　10　20		30　40		50		60		70	80			90　1700	10	20	30
五輪塔																
宝篋印塔			・・・			・										
石堂									・・	・・・・・ ・ ・						
板碑形石塔					・・ ・ ・ ・	・ ・ ・ ・ ・ ・									・ ・・・	
舟形石仏				・	・ ・	・ ・ ・ ・・・・・			・・							
丸彫石仏														・・		
角柱塔　櫛形									・・・ ・ ・・・ ・・・	・・・・・・						
角柱塔　角錐形									・ ・・ ・・ ・							
角柱塔　突起形																
角柱塔　笠付			・			・ ・ ・・・ ・・・ ・・ ・・・ ・・・・・・・・										
無縫塔						・				・						

図 28-1　高崎市九品寺所在墓標の変遷（高崎市 2003 より）

年頃）に第2のピークが見られるようである。第1のピークは「櫛形角柱塔」の盛行，第2のピークは「角錐形角柱塔」の盛行と一致すると，形態変遷との関連性が指摘されている（図28）。

　銘文からは，戒名（位号）の他，苗字と家紋の状況について分析されている。位号では，江戸時代を3時期と明治以降の計4時期に分け，「居士・大姉」「信士・信女」「禅定門・禅定女」等の時期の割合を分析している（図29）。江戸時

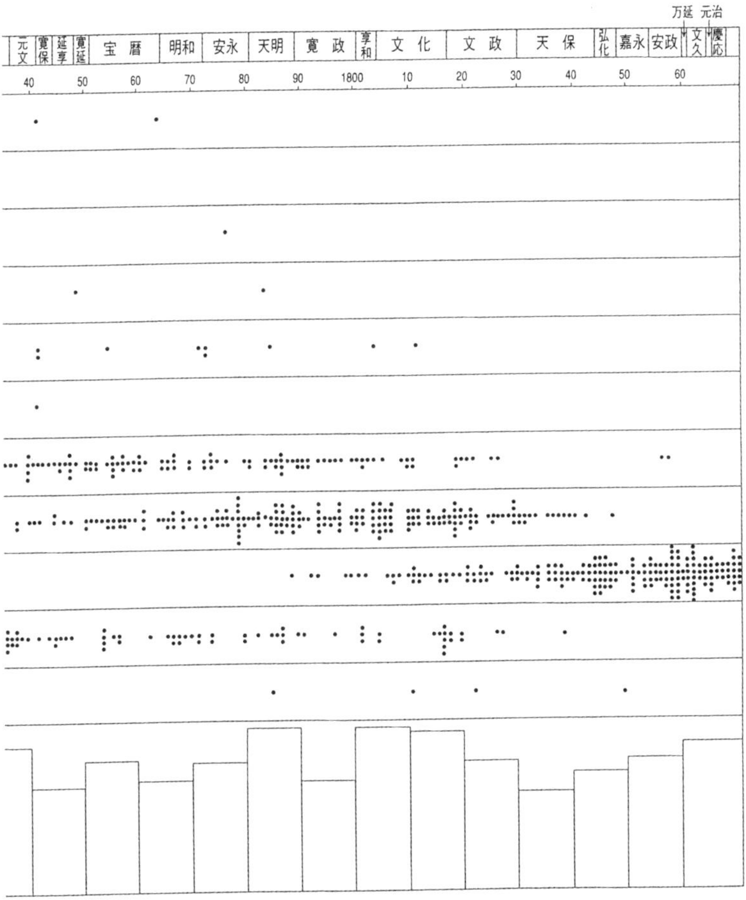

図 28-2　高崎市九品寺所在墓標の変遷（高崎市 2003 より）

代前期では「禅定門・禅定女」が，中後期では「信士・信女」が多くなってい
る。苗字が刻銘される資料の初現は元禄 7 年（1694）で，1720 年代の享保期頃
から増加し，文化年間（1810 年頃）にはほとんどの墓標に苗字が確認されると
のことである。また，家紋についても時代的な様相は，苗字と同様であり，セッ
トで普遍化していったものと報告されている。また，石材については，安山岩
と角閃石安山岩がそのほとんどを占め，砂岩や片岩製の墓標は数基に過ぎない

（図30）。なお，こうした傾向は，他の3ヵ寺も同様である。この他，特徴的な墓標として，宿場で働いていた越後出身の女性の墓標が墓地の一角にあることが挙げられており，その銘文からこれらの女性が20代前半で亡くなり，雇用していた主人により建立され，供養されたものと想定されている。

高崎市以外の事例では，秋池武による研究がある。秋池は石材やその流通の観点から石造物の研究を進め，藤岡市から富岡市にかけて産出する牛伏砂岩製に着目し，中世末期戦国時代における同砂岩の様相についての概要報告を行い，さらに同砂岩製の墓標の分布状況や使用年代等についての研究をまとめている（秋池1989）。

この研究によれば，これらの地域では戦国期には，同砂岩の他，多孔質角閃石安山岩，多孔質角黒色安山岩の3種類の石材が主流であったが，近世初期の墓標には角閃石安山岩の使用が見られなくなり，18世紀半ばの宝暦〜明和年間では，硬質の安山岩が顕著になるとしている。この理由を墓標の両側面に銘を刻銘することが行われるようになったこと，永久性や美意識を造立者が追求し始めたこととし，加工に手間はかかる

戒名	江戸時代			明治以降
	前 期	中 期	後 期	
居 士 大 姉	6基 (19%)	67基 (17 5%)	92基 (28%)	62基 (9%)
信 士 信 女	8基 (26%)	207基 (52%)	151基 (46%)	90基 (13%)
禅定門 禅定尼	4基 (13%)	37基 (9%)	6基 (2%)	0 (0%)
童 子 童 女	1基 (3%)	34基 (8.5%)	48基 (14.8%)	29基 (4%)
法 名	5基 (16%)	12基 (3.5%)	7基 (2%)	4基 (0.5%)
個人名	0 (0%)	2基 (0.5%)	1基 (0.2%)	9基 (1.5%)
○○家	0 (0%)	0 (0%)	0 (0%)	479基 (71%)
無 不 明	7基 (23%)	36基 (9%)	23基 (7%)	3基 (0.5%)
総 数	31基	397基	328基	676基

図29 九品寺所在墓標に見える戒名の割合（高崎市2003より）

石 材	江戸時代	明治以降
安 山 岩	877基(93%)	341基(50%)
角閃石安山岩	86基	3基
砂 岩 等	9基	2基
片 岩	2基	1基
花 崗 岩	0	329基(49%)

図30 九品寺所在墓標使用石材の割合（高崎市2003より）

が仕上がりのよい硬質安山岩が使用されるようになったと指摘している。さらに，寛政期頃になると，同砂岩の分布は原産地に近い墓地に限定されるようになったと，その隆盛をまとめている。この他，同地域における墓標形態変遷について，関東地方における既往の調査との比較を行っており，このうち「頭部三角形を呈する舟形」墓標について，利根川流域で主流となるのは既往の調査地に比してやや遅れるとの結果を報告している。

2. 栃木県

　栃木県では，足利市が市内に所在する石造物の調査を計画的，かつ継続して実施している。このうち，1998年度には池上悟が中心となり，同市指定文化財「長尾氏墓所」が所在する心通院において，所在する墓標の悉皆調査が行われている（池上悟 2000）。

　この調査では，墓標の形態と頭書に主眼をおき，形態の変遷や頭書の種類等について分析を行い，報告がなされている（図31）。頭書では，確認された139例のうち，66例と約半数を占めている「烏八臼」（うはっきゅう）について，詳細に考察がなされている。同院における墓標に刻まれた「烏八臼」は，3種類のパターンが見られる（図32）。17世紀前半の寛永年間から18世紀末の天明期まで，ほぼ継続して認められ，さらに，貞享年間から享保年間にかけての35年間に46例が集中していることが報告されている。この理由について，池上は「特定の僧侶の住持期間に相当するもの」と指摘している。さらに，非塔形の墓標だけでなく，宝篋印塔にも「烏八臼」が刻銘された事例があることから，同墓地において「烏八臼」は，墓標発生期から一般化していた頭書であったとまとめている。

　なお，池上は，2003年にも同市内2ヵ所の寺院墓地で行った調査の成果を簡潔にまとめている（池上悟 2003a）。この成果では，元和期の年号を有する「光背形墓標」の存在を特記している他，千葉県北部や茨城県南部の霞ヶ浦北岸地域に存在しているものと同じような石廟の存在を報告している。

図32　足利市心通院所在墓標に見える
　　　烏八臼の記載パターン
　　　（池上悟 2000 より）

年号	丸形方柱	角形方柱	宝篋印塔	五輪塔	笠付方柱	仏像	光背形	自然石	合計	鳥八日A	鳥八日B	鳥八日C	弘	空	○	帰空	帰元	帰真	帰寂	帰會	同會	同舩	円寂
	墓標形式									頭書種類													
元和							1		1	1													
寛永		1			1			2	4	3												1	
正保						1	3		4	4													
慶安									0														
承応									0														
明暦									0														
万治						1			1				1										
寛文							2		2	1		1											
延宝							3		3	1		1										1	
天和	1						1		2	1						1							
貞享	1		1				3		5	5													
元禄		1				4	10		15	12	2					1							
宝永						2	3	1	6	5						1							
正徳	1					5	1		7	6											1		
享保	8	1	1		1	14	7		32	16	3				1	5	6				1		
元文	9			1			1		11	2					1		3		1	1	3		
寛保									0														
延享	1						1		2		1							1					
寛延	1								1										1				
宝暦	4		1	1	1	4			11	1						3	3		1		1	1	1
明和	3					1			4							2			2				
安永	3						3		6							1	2				3		
天明	1						1		2								1		1				
寛政	1						1		2						1	1							
享和									0														
文化									0														
文政		1			1				2							1	1						
天保									0														
弘化									0														
嘉永		1							1										1				
安政									0														
万延									0														
文久									0														
元治		1							1					1									
慶応									0														
不明	1		1		1		11		14	8	1	1		1	1	2							
合計	35	6	4	2	5	32	52	3	139	66	7	3	1	2	4	18	16	1	7	1	9	3	1

図31　足利市心通院所在墓標頭書一覧（池上悟2000より）

3. 茨城県

茨城県では，墓地において近世墓標を悉皆調査した報告等は管見に入っていないが，かすみがうら市等の霞ヶ浦北岸地域では，千葉隆司が銚子石に観点を当てて，当該地域の特色である一石五輪塔や石廟についての論考を発表している（千葉2008）。

千葉は，かすみがうら市をはじめとする霞ヶ浦北岸地域の行方市や石岡市において，「ミヤボトケ」と呼ばれる石廟や一石五輪塔の分布状況について調査を行った。そして，西日本において，同じ砂岩製の一石五輪塔が多く存在していること等から，これらは関西文化の所産であり，銚子石という砂岩を故意的に使用したものとしている。さらに，これら霞ヶ浦周辺への普及については，高野聖や熊野御師等の関西の宗教者，或いは紀州・泉州等の漁民が関係していた可能性を指摘している（図33）。

図33 銚子砂岩製一石五輪塔
（千葉2008 より）

③ 南関東地方の様相

1. 江戸御府内

　江戸御府内に着目して論考をまとめた代表例に関口慶久の研究がある（関口2000）。関口は，従来の都内における近世墓標の調査が村落の調査に限られ，御府内という都市の調査例がなされていないということに着目し，新宿区神楽坂周辺において，自身で悉皆調査を行い，その成果を発表している。

　形態分類では，坂詰の提唱した塔形，非塔形を踏まえたうえで（坂詰1981），独自の分類を提起した（図34）。関口は，この分類について，神楽坂周辺だけでなく御府内全体の形態をカバーできるように作成したとしている。

　変遷では，次のように大きく3時期に分かれるとしてまとめている。第Ⅰ期は寛永～元禄期（17世紀第2四半期～第4四半期）頃で，塔形と非塔形の「板碑形」が主体，第Ⅱ期は寛文～宝暦期（17世紀第3四半期～18世紀第2四半期）で，舟形の像容を有する形態が，第Ⅲ期は宝暦以降（18世紀第3四半期以降）で，「頭部カマボコ状」，「柱状」主体であるとしている。造立数については，江戸で起こった大きな出来事，大火や地震，施政者による改革等の歴史的背景と対比して検討しているが，顕著な関連性は見出せないとしている（図35）。

　墓標の規模については，その総高に焦点を

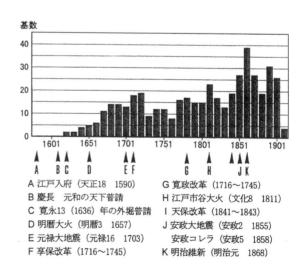

図35　江戸神楽坂周辺所在墓標の造立数と歴史事象
（関口2000より）

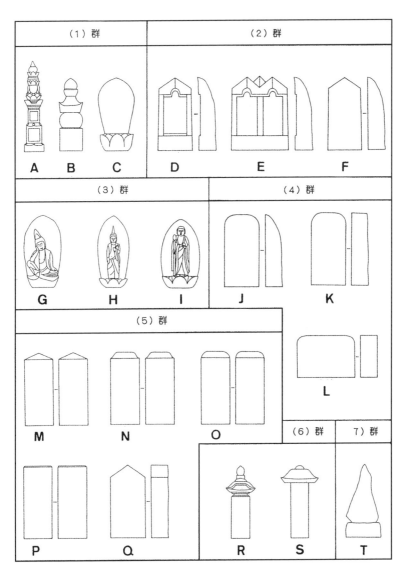

(1)群 塔形　(2)群 頭部三角形で断面舟形　(3)群 像容が刻まれたもの
(4)群 頭部がカマボコ状のもの　(5)群 柱状　(6)群 笠付方柱形　(7)群 自然石

図34 江戸神楽坂周辺所在墓標の形態分類（関口 2000 より）

当て，江戸の周辺で行われた既往の調査データとの比較検討を行っている。その結果，この神楽坂周辺における墓標の総高は，他地域の墓標と比して，高い傾向が見られた。これについては，対象とした墓標の戒名には院殿号等，相応の格式の位号を持つ被葬者の割合が高く，支配者層の墓標であることが大きな要因であるとし，これが都市の特徴でもあるとまとめている。なお，このグラフは墓標の1基ずつを棒グラフにしているが，こうしたグラフ化は，それぞれの調査で収集された資料数が均一でない近世墓標の研究を進めるうえで，非常に参考になるのではないかと思われる。

　この他に，江戸時代には御府内に存在していたが，現在は御府外に移転している墓地で行われた調査事例がある（新宿区 1987）。

2．御府内周辺（東京都区内）

　東京 23 区最西部の大田区池上にある日蓮宗本門寺及びその周辺での調査例が顕著である。本門寺における千々和實や岡本桂典の報告をはじめ（千々和

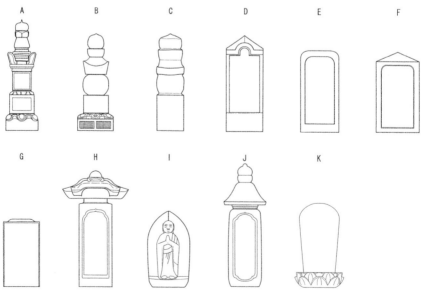

図 36　永壽院所在墓標の形態分類（坂詰編 2009 より）

1975，岡本 1988），同じ池上の永壽院や西馬込の万福寺における調査事例（大塚 2014）がある。

　このうち，永壽院の調査は，坂詰秀一が東京都条例による史跡指定を受けて

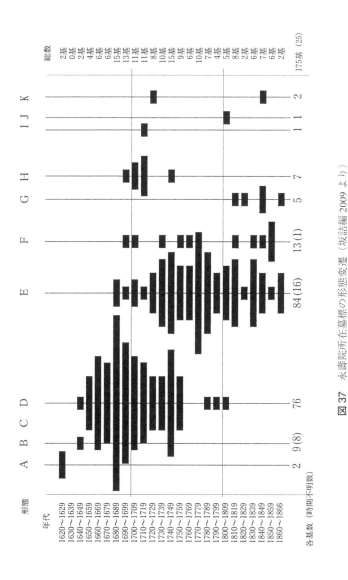

図37　永壽院所在墓標の形態変遷（坂詰編 2009 より）

いる「万両塚」－因幡鳥取藩初代藩主池田光仲正室墓所の解体修理に伴う発掘
調査を行い，その調査の一環として，同院に所在している近世～近代期の墓標
243 基の悉皆調査を実施したものである。その調査成果は，白石祐司によりま

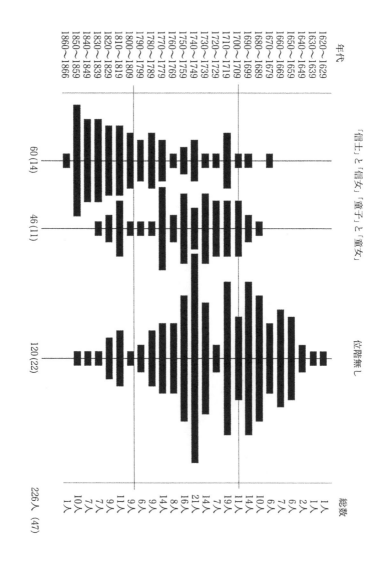

図 38　永寿院所在墓標に見える位階別年代推移（坂詰編 2009 より）

とめられている（坂詰 2009）。白石は，資料化した墓標を形態分類し，その変遷を把握したうえで（図36，図37），頭書や位階，院号や院殿号等の採用状況，被葬者の男女比などについて分析・考察を行っている。

このうち，位階の状況を取り上げてみると，「信士・信女」「童子・童女」が他の日蓮宗寺院同様に一般的であるとしているが，位階が付されていない墓標がこの永壽院では極端に多く，位階を有さない墓標は，有する墓標に比して 2.8 倍にも及んでいるという分析結果が示されている。このことは，その原因と共に興味深い事案と言えよう（図38）。

一方，東京 23 区の東部に目を転じると，荒川区や足立区，葛飾区において調査が行われている。

荒川区では，法界寺において，無縁墓として集積されていた 95 基の墓標について，調査が行われ，野尻かおるによって，その成果がまとめられてる（荒川区）。この 95 基のうちの 27 基は，同区の「登録有形文化財（歴史資料）法界寺近世墓塔群」として保存措置が採られている（図39）。近世墓標，他の自治体においても，この荒川区のような保存措置を図れることが期待される。

次に，足立区では國土安穩寺において坂詰秀一が行った貞龍院殿妙経日敬大姉墓所の発掘調査に伴い，同寺に寄託されている中世板碑や境内墓地に所在する近世墓標といった石造物の調査が行われている（坂詰 2008b）。石造物調査は，

図39　荒川区登録有形文化財「法界寺近世墓塔群」

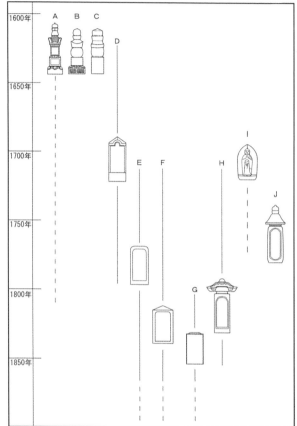

図40　國土安隠寺所在
墓標の形態変遷
（坂詰 2008 より）

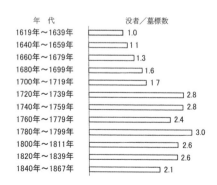

図41　國土安隠寺所在
墓標1基当たりの被葬者数
（坂詰 2008 より）

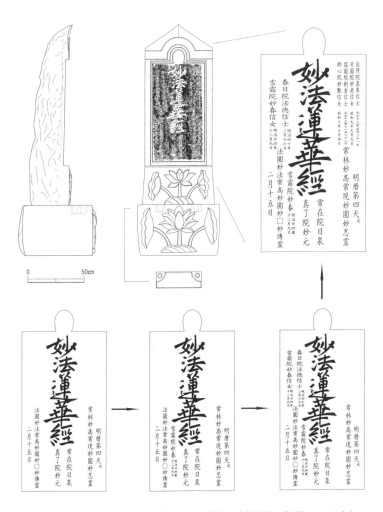

図42　國土安隠寺所在する追刻のある墓標の追刻順序（坂詰2008より）

発掘調査も担当した松原典明が中心となって行い，白石祐司によって報告がまとめられている。近世墓標では，まず形態分類を行い，その変遷を把握したうえで（図40），頭書や位階の状況，院号や菴号の採用，墓標1基当たりの被葬者数，被葬者の男女比などについて分析や考察が行われている（図41）。

　この他，「追刻された墓標」として，調査資料のなかに墓標建立当初ではなく，後に銘文が刻まれた事例のあることに着目し，追刻過程の復元を試みていることは，この調査報告の特徴のひとつであり，非常に興味深いものと言えよう（図42）。

　葛飾区においても，西海賢二が中心となって，寺院墓地（浄慶庵）に所在する近世から現代までの152基の墓標調査が行われ，報告がまとめられている（葛飾区2000）。なお，同報告書には1,368基の「葛飾区墓碑調査一覧」も所収されている。

3．多摩地区

　東京郊外多摩地域では，西多摩郡における長沢利明の調査（長沢1978）や『昭島市史』（昭島市1976）のほか，町田市や八王子市をフィールドとした服部敬史の研究報告（服部敬史1995，2003，2010他）をはじめ，福生市や府中市などの調査事例がある。

　このうち，服部は複数の寺院において調査を行っており，本地域の様相をま

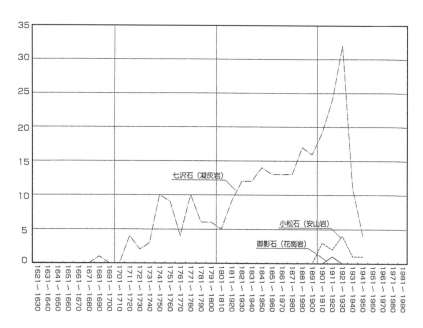

図43　多摩地方所在墓標使用石材の推移（服部敬史2003より）

とめている。墓標全体の造立数の推移をみると，造立が始まるのは17世紀後半頃で，形態は尖頭舟型→櫛型→角柱型と変遷している。戒名の位号については，「禅定門・禅定尼」が「信士・信女」に先行している。石材については，近世段階で使用されているのは丹沢山地から切り出された厚木七沢石と呼ばれる凝灰岩で，真鶴産の小松石（安山岩）や花崗岩が使用されるのは明治期以降であり，これは相模・武蔵の山沿い

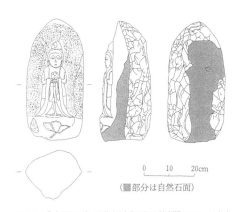

図44 「自然石舟型墓標」実測図（増澤 1994 より）

地域に共通するようである（図43）。この他，角柱型のうち，頭部が2段になっている形態について，八王子地域の北部と南部で形状に差が認められることを明らかにし，石工集団が複数存在していた可能性を指摘している。

　福生市では，1,242基の調査が行われ，同市内では自然石を用いた墓標が最

図45 「自然石舟型墓標」（東京都福生市）

も多く存在していること，自然石の正面に仏像が浮き彫りにされた舟形を呈する特異な墓標－「自然石舟型墓標」－（図44，図45）（福生市 1989，1994，増澤1994）の存在が明らかにされている。同市内では，墓標全体の造立数のピークが18世紀初めの元禄〜享保期と18世紀前半の天保〜嘉永期にあり，このうち前者では「自然石舟型墓標」など自然石を用いた墓標が造立数の大半を占めていることが特徴である。

　府中市では，平澤和夫が墓標の調査を実施している（平澤 1986）。この報告によると，全国的な傾向と同様に「くし形角柱型」が全体の約半数を占めている。また，「板碑型」についても，2割程度の造立が認められ，他の関東地方とほぼ同じ様相を呈している。また，使用されている石材が当初は安山岩であったが，「くし形角柱型」では，「南総産の水成砂岩」が使用されている。

4．神奈川県

（1）県央部域

　秦野市では，市史編纂事業に伴い，下大槻地区において総合的な民俗調査が行われ，その一端として墓標の悉皆調査が行われている（秦野市 1986）。この調査は，西海賢二が中心となり，「墓標を通して社会生活の変遷をみよう」と，民俗学だけでなく文献史学，考古学の分野から多角的に分析考察が試みられたものである。

　具体的には，形態分類とその変遷，造立数の変化はもとより，墓標の規格性の分析や頭書と年代や形態との関係，その他戒名や被葬者数，没年月日などから様々な考察が行われている。造立の状況は，初現が慶安元年（1648）で，18世紀に櫛型の出現に伴って，造立数も増加している。変遷は，尖頭舟型→櫛型→方柱型という，関東地域の一般的な様相である。また，規格性では，櫛形墓標について，既製品的な要素を有していたのではないかという仮定に基づき，高さと幅，厚さの関係をグラフ化するなど，考古学的な手法を用いての分析がなされている。結果としては，既製品化されていたというようなデータは導き出されていないが，高さと幅の関係において，規矩術を用いた$\sqrt{5}:1$という比率が意識されていた可能性を指摘している（図46）。

　この他，紀年銘の干支や「年」の記載方法についての分析がなされている。

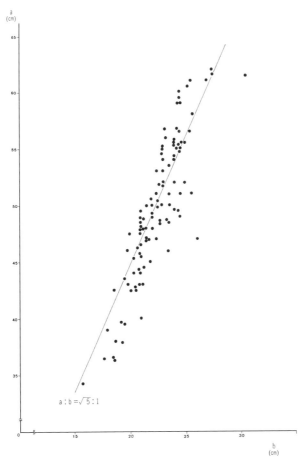

図46 秦野市南平地区所在櫛形墓標の
高さと幅との関係（秦野市 1986 より）

　この結果，江戸時代中期になると十干が省略されて十二支のみになること，「○
○年」は幕末まで見られる一方，「○○天」という記載は 19 世紀に入ると見ら
れなくなる傾向があるとのことである。こうした分析は，文献史学－古文書に
おける干支の記載方法の考察に倣ったものである。
　なお，西海は小田原市においても，主要石造物調査の一端で近世墓標の調査

を行っている（西海賢二 1994）。

　座間市では，市内の 3 地区に所在する宝永年間(1711 年)以前の墓標を対象とし，259 基の調査報告がなされている（座間市 1998）。使用石材の観点からは，対象とした時代に限っては，地元石材である凝灰岩の七沢石が多数を占め，安山岩の占める比率は 27％程度とのことで，東京多摩地域と同じ様相を呈している。

(2) 東部域

　川崎市において，中西望介により近世初期の墓標調査が行われている（中西 1996）。中西は，歴史地理学の観点から景観復元を行うため，様々な歴史的事項を資料として収集した。それらの過程で，資料の一部であった墓標について，独自の目線で考察を行っている。墓標に刻まれた年月日，すなわち被葬者の没年月日がその墓標の造立年月日でないことに留意し，逆修や年忌が記された供養塔に着目し，その供養塔の年代をおさえたうえで，その供養塔と同じ形態の墓標の編年を行った。近世墓標研究において俎上に載る課題－墓標に刻まれている没年月日と造立時期とが必ずしも一致しないという課題に取り組んだものである。

　対象としている「近世初期」を寛文期以前と位置付け，67 基の墓標について，造立者層の傾向や石材等の考察がなされている。その結果，近世初期段階においては，造立者は支配者層である武士や僧侶，有力農民に限られ，中世期から継承された宝篋印塔や五輪塔，一石五輪塔の他，非塔形では「板碑型」，「光背型」が採用され（図47），寛文期以降非塔形墓標が顕在化し，墓標の規模は小型化，

年　　　代	宝篋印塔	五輪塔	一石五輪塔	板碑型	板碑型連碑	光背型	角柱錐型	笠塔婆型	無逢塔	櫛型	合計	逆修	回忌供養
1611〜20 慶長16〜元和6							1(1)				1(1)		
1621〜30 元和7〜寛永7	2	1	1	2(2)							6(2)	1(1)	2(1)
1631〜40 寛永8〜寛永17		2	1	3							6		2
1641〜50 寛永18〜慶安3	1	8	4(1)	12	2	1		1(1)	1(1)		30(3)	1	1
1651〜60 慶安4〜万治3	3	2		13(1)	1	4				1 1)	24(2)		
合　　　計	6	13	6(1)	30(3)	3	5	1(1)	1(1)	1(1)	1(1)	67(8)	2(1)	5(1)

図 47　川崎市所在「近世初期」墓標の形態分類と年代（中西 1996 より）

石材については安山岩であったものが凝灰岩である七沢石が使用されるようになり，この結果墓標の造立数も増大してくると述べている。

　川崎市に隣接している横浜市鶴見区では，廣瀬良弘が寺院墓地において墓標調査を行っている（廣瀬2008）。形態変遷では，南関東における他の調査事例と同様，「板碑型」→「箱型」→「角柱型」という変遷を辿っている。ただし，「箱型」と「角柱型」の間に，廣瀬が「板型」と呼ぶ主頭で左右側面が整形された多観面墓標が相応数造立されているのが確認される。

　同じ横浜市の港北区では，小股昭が近世における村落の成立過程やその変遷，景観の復元を行うための資料のひとつとして正徳年間以前の墓標調査を行っている（小股2012）。墓標の造立数が寛文期以降に増加すること，塔形墓標や古い紀年銘を有する墓標の造立者が地域の有力農民層であることなどの結果が示されている。また，寺院墓地と屋敷墓とを比較した場合，寺院に所在する墓標の方が古い傾向にあることから，まず有力層が寺院に墓標を建立し，それが庶民層，屋敷墓へと拡大したと推察されている。

　横浜市金沢区の上行寺裏遺跡では，工事に伴い，墓地が発掘調査され，墓標について，形態の変遷等についても報告がなされている（かながわ考古学財団2011）。形態の変遷については，江戸近郊の墓標の変遷とほぼ一致しているとのことである。確認された墓標のうち，頭部がドーム状を呈する方柱型について，関東地方では例のない形状で関西地方に多く見られるとし，この墓標に「彦根家中」との銘文が刻まれていたことにより，被葬者が近江出身であったため，関西系統の墓標が採用されたのではないかと指摘している。

5. 千葉県

(1) 東部域

　池上悟が，旧佐原市及び旧小見川町，銚子市で調査を行い，それぞれの地域の特徴等を簡潔明瞭にまとめている（池上悟2003a）。

　このうち，銚子市の様相としては，次のような内容等が記されている。

　まず，墓標の形態については，多くの種類が存在していることを挙げ，さらに初現期の墓標が五輪塔や一石五輪塔，宝篋印塔，廟墓が主であり，江戸やその周辺において初現期の墓標の主体を占める「光背形墓標」は18世紀初頭に

	一石五輪	廟墓	五輪塔	宝篋印塔	光背形	円頂方形	尖頂方形	尖頂方柱	突頂方形	突頂方柱	舟形地蔵	舟形観音	笠付方形	合計
寛永	1	2	6											9
正保														0
慶安			1											1
承応														0
明暦														0
万治														0
寛文			3			1						1		5
延宝			1			2								3
天和		1												1
貞享	1		1											2
元禄		1	6	2							12	9		30
宝永			4		3						10	5		22
正徳			7								5	3		15
享保		2	16		1	12(3)	1				8(1)	2		42
元文			1			3(1)		1			3	1		9
寛保			1	1			1							3
延享						4					2	2	1	9
寛延						1	1					1		3
宝暦			1			8(3)	8				5	4		26
明和						3(1)	4	1	1		1			10
安永						4(2)	10(1)				3			17
天明						1	5							6
寛政						8	6							14
享和						2	2							4
文化						3	8(2)		1	1	1			14
文政						3(1)	11(2)	1						15
天保						5(2)	4(1)	3	1	1				14
弘化									1	1				2
嘉永							1(1)	1		1				3
安政										1				1
万延														0
文久						2(2)			2	3				7
元治										1				1
慶応						1			1	1				3
不明	5	22	13	2	0	7(4)	3(2)	0	0	0	6(1)	4(1)		62
合計	7	28	61	5	4	70(19)	64(9)	6	8	10	57(1)	32(1)	1	353

（　）は砂岩製

図 48　銚子市光厳寺所在墓標の変遷（池上悟 2003a より）

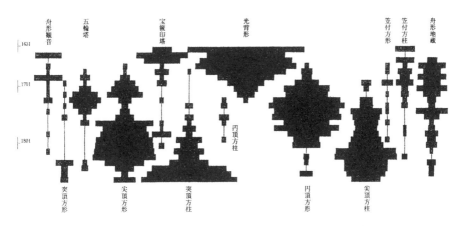

図49　佐原市観福寺所在墓標形態変遷（池上悟2003aより）

　わずかに確認されただけであるとしている。そして，江戸周辺他域とは異なる
様相がみられる要因として，房総が銚子砂岩の産地であるという石材普及との
関係性を挙げている。初現期以降の形態変遷については，櫛形を呈する「円頂
方形墓標」が17世紀後半の寛文期に既に出現し，幕末まで造立が継続される
こと，それに続く「方柱類」は18世紀前半の元文期に現れ，やはり幕末まで
見られるとしている（図48）。

　一方，旧佐原市では，形態変遷に関して，江戸やその周辺の傾向と同様に「光
背形墓標」が17世紀初頭の元和期から認められ，寛永期から18世紀初頭の元
禄期までの主をなす形態となっている。「円頂方形墓標」については，銚子市
域同様に寛文期にその初現が確認されている。さらに「方柱類」についても同
様の傾向であるとしている（図49）。また，佐原に隣接する小見川町においては，
「光背形墓標」の出現が17世紀後半からとなっているが，その後の変遷につい
ては，概ね佐原市の状況と同じ様相であるとしている。

(2) 房総半島

　市原市高滝・養老地区における谷川章雄の調査研究が知られている（谷川
1984）。同地区の墓標の造立は，1620年代尖頭舟型に始まっている。変遷の概
要は，尖頭舟型（A類）→櫛型（C類）→方柱型（D類）であり（図50），同じ千葉

年代	形					態									計
	A			B	C	D			E	F	G	H	I	J	
	1	2	3			1	2	3							
慶長6～慶長15(1601～1610)															
慶長16～元和6(1611～1620)															
元和7～寛永7(1621～1630)	1														1
寛永8～17 (1631～1640)				1											1
寛永18～慶安3(1641～1650)										3					3
慶安4～万治3(1651～1660)															
寛文1～10 (1661～1670)		1													1
寛文11～延宝8(1671～1680)	2	1		1	1										5
天和1～元禄3(1681～1690)	1			1					1						3
元禄4～13 (1691～1700)	3			7	1								1		12
元禄14～宝永7(1701～1710)	6		2	7											15
正徳1～享保5(1711～1720)	6			8	2						1				17
享保6～15 (1721～1730)				4	4										8
享保16～元文5(1731～1740)	1			5	10	1									17
寛保1～寛延3(1741～1750)	2			5	9										16
宝暦1～10 (1751～1760)				4	15				2						21
宝暦11～明和7(1761～1770)				2	10	1		1							14
明和8～安永9(1771～1780)				1	15	1		1							18
天明1～寛政2(1781～1790)			1	1	20	1		1	1						25
寛政3～12 (1791～1800)	1			2	24		1		1			1			30
享和1～文化7(1801～1810)				3	16	1	1	3	1			1			26
文化8～文政3(1811～1820)					30	1	1	2					1		35
文政4～天保1(1821～1830)				2	11	5	2	2							22
天保2～11 (1831～1840)	2				8	1	3								14
天保12～嘉永3(1841～1850)					9	4									13
嘉永4～万延1(1851～1860)	1				6	1	1	2				1			12
文久1～明治3(1861～1870)					3		1	2						1	7
計	26	2	3	54	194	17	10	14	6	3	1	3	2	1	336

図50 市原市高滝・養老地区所在墓標年代別造立数（谷川 1984 より）

県内の船橋市や市川市で行われた先行研究と比較して，同じ様相であるとしている。

　木更津市においては，池上悟の成果がある（池上2003a）。これによると，近世墓標の初現は「光背形墓標」であり，その時期は小見川町同様に17世紀後半の寛文期からとしている。その後の変遷については，「円頂方形墓標」は18世紀に入ってから，「方柱類」は「平頂方形墓標」が主体で18世紀半ばの宝暦期以降に造立が確認されるとし，これを木更津市域の特徴として挙げている（図51）。

　また，池上は，この木更津市，先述した旧小見川町，旧佐原市，銚子市における4ヵ所の調査では，銚子市が他の3ヵ所と異なった様相を呈していることを明らかにし，それを銚子砂岩という地元産出の石材の存在と関連しているとまとめている。

　この他，考古学的な調査ではないが，墓標を「史料」として扱った事例が見られる。筑紫敏夫は近世史の立場から江戸湾岸における警備について研究しており，房総半島の館山市や富津市などの寺院墓地における墓標を調査し，幕府の命により警備に就いていた各藩の家臣の状況について考察を行っている（筑紫1990）。具体的には，墓標に「大姉」等の位号が確認

	光背形	円頂方形	平頂方形	尖頂方形	突頂方形	笠付方形	合計
寛文							0
延宝	1						1
天和	1						1
貞享	1						1
元禄	1	1				1	3
宝永	1	1	1			1	4
正徳	1						1
享保	1	9	2				12
元文		2	2				
寛保		5	1				6
延享		3	1				4
寛延		3					3
宝暦		8	11				19
明和		6	12	2			20
安永		5	9	1			15
天明		7	9	4			20
寛政		9	22	6			36
享和			5				6
文化		3	29	6			38
文政			31	2	1		34
天保		3	34	5			42
弘化			8	1	1		10
嘉永		1	6	1			8
安政			4	1			5
万延				1			1
文久			2	2			4
元治			1				1
慶応		1	4	4			9
合計	7	68	195	35	2	2	309

図51　木更津市有吉墓地所在墓標の変遷
　　　（池上悟2003aより）

されたことから，藩士たちが単身でなく，家族を伴って赴任している場合もあること，その藩が駐留する以前の年号を有する墓標が存在するなどの事実があり，先祖の墓標を房総の地に移していることなど，墓標を「史料」とすることで，国許を離れて赴任した藩士の様々な事情を明らかにしている。

(3) 西部域

この地域では，研究史に取り上げた坂詰秀一による中山法華経寺（市川市所在）における調査研究が代表的なものである（坂詰 1981）。同寺では，塔形墓標から非塔形墓標に，さらに非塔形墓標は「尖頭舟形墓標」→「平頭類舟形墓標」→「方柱形墓標」というように，一観面から多観面へと形態変遷している。造立の状況については，初現が寛永年間で，17 世紀の第 4 四半期から顕著になり，18 世紀第 4 四半期までほぼ一定した数が見られる（図 52）。また，頭書は，「南妙法蓮華経」とその省略形「妙法」が最も多く，形態との関係では，「平頭類舟形墓標」に至って「帰元」「示寂」「同會」などが新しく見られるようになっているとのことである。研究史でも触れたように，当該研究で示された考察事項や内容，結果については，以降の近世墓標研究の模範となっている。

この他，船橋市では，研究史に取り上げたように，河野真知郎が民俗学の立

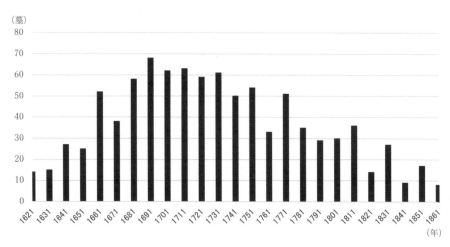

図 52 中山法華経寺所在墓標の造粒数グラフ（坂詰 1981 より作図）

場から近世墓標の調査を実施している（船橋市 1978）。

　鎌ヶ谷市では，小川浩によって，ある集落内において 3 ヶ所の墓地の悉皆調査を行い，，墓標に刻まれた被葬者数と，隣接集落の村方史料に記載されている人口数との対比等により，墓標の造立数と人口増減との関連性について考察を行っている（小川 2003）。

6. 埼玉県

（1）東部域

　旧騎西町において嶋村薫が調査を行い，その成果を発表している（嶋村 2003）。
　同市内で造立が始まる時期を見てみると，1620 年代から所謂板碑型である「圭頭型類」の造立が確認され，ほとんどの墓地で 17 世紀前半から一定数が建立されており，比較的早い段階から墓標が普及していたようである。また，自身が奈良市内の墓地で行った調査との比較により，騎西町の「圭頭型類」と奈良市における「舟形板碑類」墓標の造立数の変遷が酷似していることなどを導き出した（図 53）。
　三郷市は，市民による調査組織を整えた上で約 3 ヵ年をかけ，調査を実施し，約 2,000 基の墓標を資料化して，分析，考察をおこなっている（三郷市 1989）。このうち，戒名の変遷では，その位号について，18 世紀に入ると概ね「禅定門，禅定尼」から「信士，信女」に変化し，諱号についても 2 文字から 4 文字に変化する傾向があるとの分析がなされている。この他，被葬者約 3,700 人を対象に，没した月についての分析がなされ，6 月がピークで 1 月も多いことが導き出さ

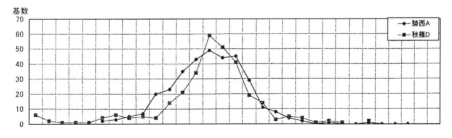

図 53　旧騎西町所在墓標と奈良市秋篠所在墓標の造立数推移（嶋村 2003 より）

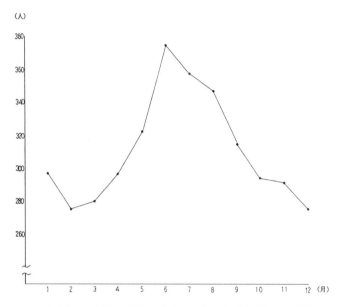

図54 三郷市所在墓標に見える月別被葬者数（三郷市 1989 より）

れており（図54），寒暖の厳しい時期が人体に悪影響を与えているということ，
夏季における食物の腐敗，疫病の発生などが原因ではないかと指摘されている。
　この他，磯野治司が北本市の寺院墓地に所在する墓標の悉皆調査を実施し，
そのうち「板碑形」墓標の出現や系譜などの様相について論じている（図55，
図56）。磯野は形態だけでなく，墓標に刻まれている蓮座や円形の掘り込みに
も着目し，高野山や大阪府南部に所在する資料とも比較検討するなど，多角的
な視点から論をまとめている（磯野 2016）。

(2) 中央部域

　小川町は，緑泥片岩の産地として著名で，中世の板碑の未成品が出土したこ
となどから，町内の石切場が 2014 年に国の史跡指定を受けた。この指定まで
の過程で，町内における緑泥片岩製の墓石「青石墓石」の造立状況を把握，確
認するための調査を行っている（小川町 2000）。調査報告では，まず青石墓石
の同町内における分布状況が示され（図57），緑泥片岩の産出地である地域や
その隣接地域ほど，それぞれの墓地における墓石全体に対する青石墓石の占め

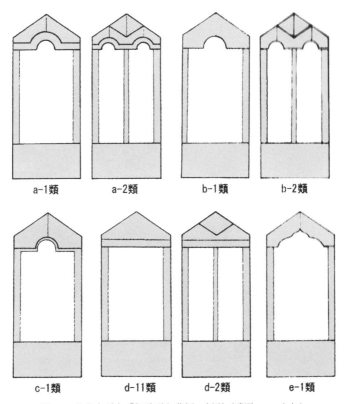

図 55　北本市所在「板碑形」墓標の類型（磯野 2016 より）

西暦	a類	b類	c類	d類	e類	小計
1610-19						0
1620-29	■■2	■2	■■2			6
1630-39		■□2	■2			4
1640-49		■2			■1	5
1650-59	■■1	□□8	■■4	□1		14
1660-69	■■2	□□□8		□1		15
1670-79	■■1	□□□10	12	□□□3		26
1680-89	■6	□□□□14	10	□□□3		33
1690-99			9	□□□3		28
1700-09	■3	□□□25	14	■■□4		46
1710-19	■6	□17	6		■1	30
1720-29	■1	□21	■■2			24
1730-39	■■2	□6				8
1740-49		□2				2
1750-59						
基数	30	128	67	15	3	241

■単碑式（1類）　□蓮碑式（2類）

図 56　北本市所在「板碑形」墓標の変遷（磯野 216 より）

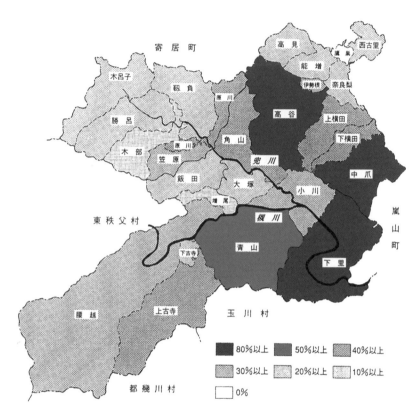

寄居町

高見　　西古里

木呂子

能増

鞁負

伊勢根　奈良梨

原川

高谷　　上横田

勝呂

下横田

原川

木部

角山

笠原

兜川

中爪

飯田

大塚

嵐山町

小川

増尾

槻川

東秩父村

青山

下古寺

下里

腰越

上古寺

玉川村

都幾川村

■ 80%以上	▨ 50%以上	▨ 40%以上
▨ 30%以上	▨ 20%以上	▨ 10%以上
□ 0%		

図57　小川町所在「青石墓石」の大字別占有率（小川町 2000 より）

る割合が高いことが明らかにされている。

　また，こうした石材からの観点とは別に，調査資料 1,476 基の墓標について形態変遷等の考察が行われている。形態変遷は，先行研究の江戸やその周辺の状況と同じような様相を示しており，塔形→非塔形，非塔形では尖頭舟型→櫛型→方柱型という流れがあり，変遷の時期も江戸周辺と大差がないようである。そして，別形態とした緑泥片岩製の墓標については，17 世紀中葉から造立が確認でき，19 世紀の後半に最も造立数のピークを迎えている。形態別の造立数では，丸彫りの仏像に戒名を刻み墓標とした形態が他の地域に比して極端に少ないとされている。これは，片岩という石材が表面の加工に不向きなためであろう。

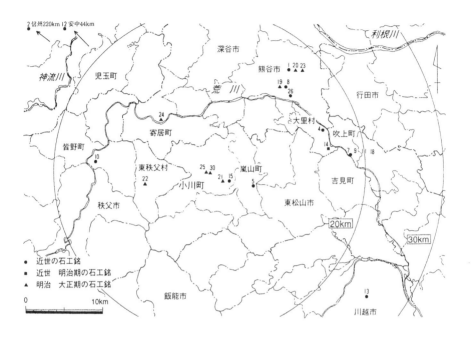

図 58　小川町所在石造物に見える石工所在分布図（小川町 2000 より）

　また，墓標の製作に従事した石工について，町内における近世から明治・大正期の緑泥片岩製石造物に刻まれた石工銘より石工の所在地の分析を行い，同町から概ね 20 キロ圏内に収まっていることも明らかにされている（図 58）。

　この小川町の調査に当たった池尻篤は，2002 年に同町の 3 ヵ所の墓地の資料を基に別稿をまとめている（池尻 2002）。池尻は，この中で戒名の位号や文字数に着目し，分析を行った。その結果，墓標の形態と造立者の階層との関係を「戒名は家格と経済力により決まるが，墓標形式の選択は，村内の地位や家格などよりも経済力が影響する」と指摘している。

　この他，坂戸市では，大護八郎が民俗学の立場から，両墓制の実態や通過儀礼について触れたうえで，市内に所在する一寺院において，墓標の悉皆調査を実施した成果をまとめている（大護 1987）。形態別の年代をいくつか取り上げてみると，「板碑型」では寛文 4 年（1664）が初現で，宝暦 3 年（1755）まで

造立が見られる。仏像を彫刻した「舟型」の初現は「板碑型」より古く，万治3年（1660）で，なお「角柱型」については享保15年（1730）が最古となっている。全体的な変遷については，「板碑型」→「位牌型」→「角柱型」という一般的な流れと同様となっている。この調査対象とした寺院は，近世において町場に所在していたことから，墓標の出現時期等については先行していたと考えられるとし，農村部の傾向と比較する場合は一考を要するとしている。

　この他，熊谷市にある立正大学博物館では，2015年に「近世の墓石と墓誌を探る」とのタイトルで特別展が開催された。この展示では，同市内の寺院墓地において同大学が実施した近世墓標の悉皆調査の概要について報告されている。また，後述した同地域の有力者層の墓標調査（池上悟2014b）についても，触れられている（立正大学2015）。

(3) 南部域

　新座市では，上條陽子が普光明寺において，西海賢二が同寺の末寺にあたる泉蔵院において共に民俗学の立場から近世墓標の変遷についてまとめている（上條1984，西海賢二1995）。

　普光明寺における墓標の形態変遷は，「板碑型」→「箱型」→「角柱」である。造立の状況を見ると，寛永期の塔形墓標が初見で，造立のピークは18世紀初頭にあり，それ以降は徐々に減少している（図59）。仏像が刻まれている形態を対象に，その像容と年代との関係や被葬者の性別との関係について，分析・考察が行われている（図60）。これを見ると，地蔵や観音が刻まれた資料は，近世全般に造立されている一方，如来については，17世紀後半から18世紀前半の一時期に限定されている。

　一方，西海が調査を行った泉蔵院では，最古の紀年銘を有する資料は，元和9年（1623）と報告されている。池上悟によれば（池上悟2014），江戸周辺では東京・大田区池上本門寺と同・北区南泉寺に所在する元和5年（1619）の銘が初見とされており，元和年間の資料はわずか10基程度であることから，この泉蔵院の墓標は，初現期資料のひとつと言えよう。

(4) 西部域

　小鹿野町の合角地区では，下山忍，磯野治司らにより，秩父合角ダム建設に

単位：基

型 / 年代	板碑	五輪塔	宝篋印塔	仏像碑			無縫塔	板碑型	駒型	箱型	位牌型	角柱	その他	灯籠	型不明	計
				丸彫	舟型背光浮彫	その他の浮彫										
室町期	2									1						3
1620〜1630 寛永		5	1													6
1640〜1660 寛永末〜万治		3	10	1	10		1	10	1							36
1670〜1690 寛文〜元禄		2		1	100		1	33		1	2					140
1700〜1730 宝永〜元文		1		2	136	1	1	56	8	30	5		7		1	248
1740〜1770 寛保〜安永				1	47	9	3	13	6	132	5	19	1		1	237
1780〜1820 天明〜文政					14	8	1		3	155	15	40	1			237
1830〜1860 天保〜慶応				3	3	1				62	5	96	1	1	1	174
1870〜1900 明治				1						21		107	8			138
1920〜1983 大正〜		1								1	9	178	41			230
年代不明	1		2	10	23	1		1		18	1	6	7	1	3	74
計	3	12	13	19	333	20	8	112	21	429	33	453	59	2	6	1,523

図59　新座市善光明寺所在墓標の形態変遷（上條 1984 より）

単位：%

仏像名 / 性別等	地蔵菩薩	如意輪観音	聖観音	阿弥陀如来	大日如来	全体
男　性	41	1	29	61	92	32
女　性	7	87	67	16	8	38
幼　児	40	7		6		21
混　合	4	4	4	11		5
いずれか不明	8	1		6		4

図60　新座市善光明寺所在「仏像墓標」と
被葬者の性別との関係（上條 1984 より）

先立総合調査の一環で墓標の調査がなされている（合角ダム水没地域総合調査会 1996）。同地区における墓標の初見は，寛文 10 年（1670）であり，当該報告にも記述されているように，同県内の北本市などの事例（北本市 1990 他）に比して，半世紀程度遅れる。また，この資料は「尊像丸彫（地蔵)」であり，塔形墓標がこれに続いて出現していることなども，当該地域の特徴とされている。変遷については，「板碑型・舟型」→「箱型」→「方柱型」との流れはあるが，「箱型」と「方柱型」がほぼ同時期に増加していることも，特徴的である（図 61）。

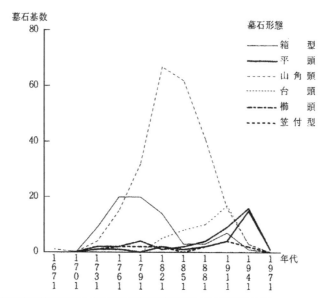

	1671〜1700	1701〜30	1731〜60	1761〜90	1791〜1820	1821〜50	1851〜80	1881〜1910	1911〜40	1941〜70	1971〜
箱　　　型	0	0	9	20	20	14	3	3	7	1	0
方柱型（平　頭）	0	0	1	1	0	2	1	2	4	15	1
〃（山角頭)	1	0	4	15	32	67	62	41	16	3	0
〃（台　頭)	0	0	0	0	0	5	8	10	17	3	0
〃（櫛　頭)	0	0	2	2	4	1	2	4	9	16	1
笠　付　型	0	0	1	2	2	2	0	2	4	2	0
計	1	0	17	40	58	91	76	62	57	40	2

図 61　小鹿野町所在「方柱型墓石」等の形態変遷（合角ダム水没地域総合調査会 1996 より）

④ 甲信越・北陸地方の様相

1. 山梨県

　山梨県では塩山市において，黒川金山衆の一員であった保坂家の屋敷墓の発掘調査が行われ，その過程で上部構造である墓標についても形態や刻銘されている戒名等の変遷が報告されている（山梨県 2002）。この報告では，最古の紀年銘資料は明暦元年（1655）で，以降江戸時代に 13 基，明治期に 2 基の墓標が造立され，形態として「笠付角柱型」の墓標が一貫して採用されている（図 62）。また，戒名からは，「禅定門・禅定尼」から「信士・信女」，「居士・大姉」という変遷が確認でき，これも関東周辺の状況と同様である。さらに，子どもの墓標が 18 世紀に入って造立され始められており，造立数の多くなる時期と一致していることから，同家がこの時期に安定していたことが推察できるとまとめられている。

　以上の報告の他，近世墓標を資料として扱った研究については，墓標等の石造物に刻まれた金石文を活用して，日蓮宗の総本山である身延山における信仰の様相を追求した論考がある（林是恭 2007，2008）。また，墓標ではないが，近世の石造の馬頭観音を対象にした畑大介の研究がある（畑 2002）。畑は調査した 2,100 基余りの馬頭観音について，近世墓標の研究と同様に形態分類を行ったうえで，その変遷や造立数の推移等を把握し，さらに文献史料から得た各村の人口や馬数等との関連性等について，考察・分析を行っている。

2. 長野県

　長野県では，上田市において池上悟により調査が実施されている（池上悟 2014c）。池上は，元和 8 年（1622）に入部した仙石家の菩提寺である本陽寺などで調査を行い，「尖頂舟形墓標」を集成し（図 63，図 64），その様相や普及について言及している。池上によると，上田城下では元和 8 年銘の墓標が最古の資料で，江戸近郊で創出された墓標がわずか三年の遅れで当該地に現出しており，さらに石材について，出現期から明暦期までは安山岩質である一方，寛文期以降は凝灰岩質に転換していることが特性であるとしている。近世墓標について

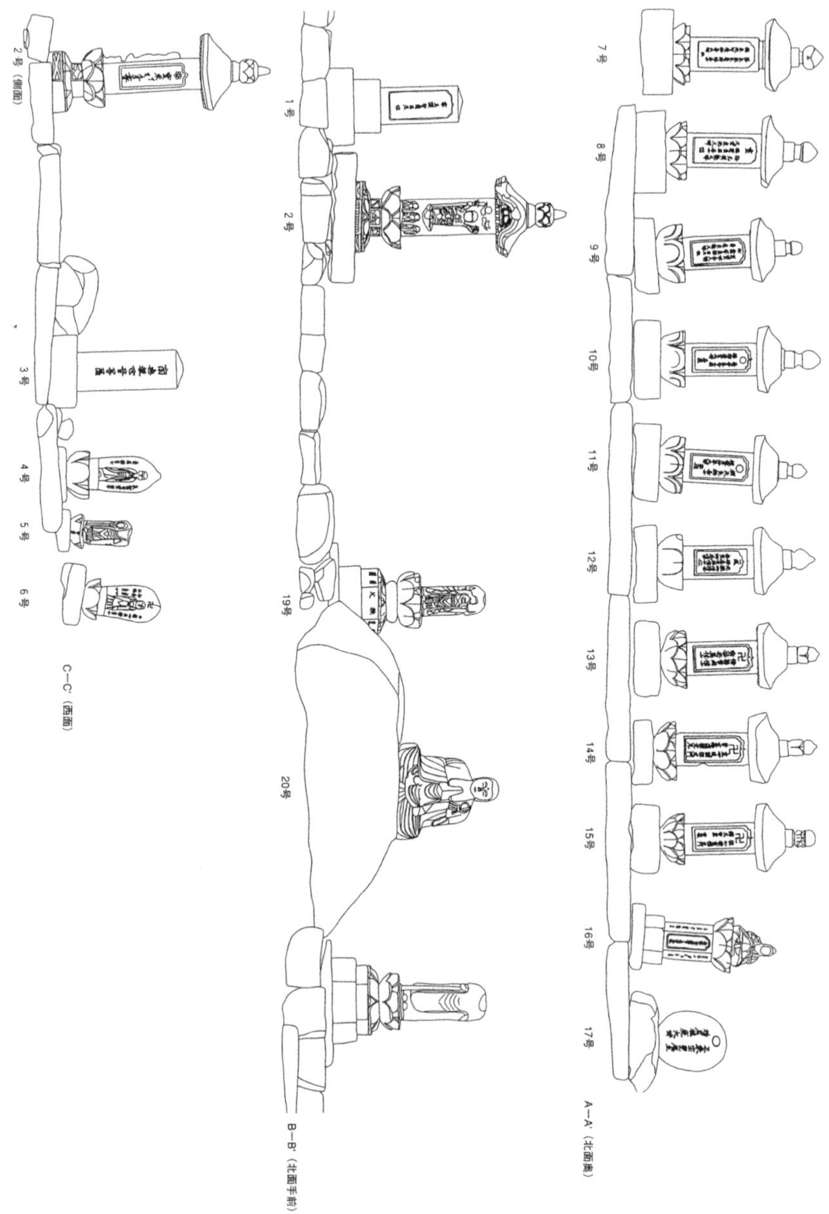

図62 保坂家屋敷墓所在墓標（山梨県 2002 より）

は，全国的にその普及や形態変化など様々な観点から，17世紀後半の寛文・延宝期が大きな画期となっていると多くの研究者が指摘しているところであるが，この上田市における石材の転換事例も，その画期との関連性が指摘できる事例のひとつと言えよう。

　同じく上田市では，池田菜穂子が悉皆調査を行ったうえで，当該地域における初期墓標である「廟墓」（石廟）について（図65），形態分類を行い，その変遷や形態と石材や規模との関係性等について考察を加えている（池田2016）。

　さらに同じ小県地域では，小林大二が小県郡において，近世における部落差別の実態

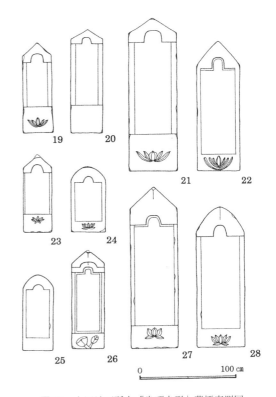

図63　上田城下所在「尖頂舟形」墓標実測図
（池上悟2014c より）

	所在地	年　号		高さ	頂部	本体	基礎	幅	指数	蓮　座		備　考
19	本陽寺	元和8年	1622	91cm	22	49	29	30cm	33	陰刻	5・0	元和型
20				105cm	13	60	27	34cm	32	なし		元和型
21	本陽寺	寛永21年	1644	155cm	15	61	24	50cm	32	陰刻	5・0	元和型
22	大輪寺	承応3年	1654	131cm	21	66	13	44cm	34	陰刻	7・0	折衷型
23	大輪寺	明暦3年	1657	79cm	23	54	23	30cm	38	陰刻	5・2	元和型
24	芳泉寺	寛文6年	1666	66cm	24	61	15	36cm	55	陰刻	5・2	寛永型
25	大輪寺	寛文12年	1672	77cm	19	64	17	32cm	42	なし		寛永型
26	大輪寺	寛文13年	1673	100cm	22	62	16	34cm	34	陽刻	2・0	寛永型
27	大輪寺	延宝2年	1674	165cm	24	62	14	50cm	30	陰刻	3・2	寛永型
28	顕行寺	延宝8年	1680	144cm	21	66	13	50cm	35	陰刻	5・2	寛永型

図64　上田城下所在「尖頂舟形」墓標集成（池上悟2014c より）

図65　廟墓（長野県上田市）

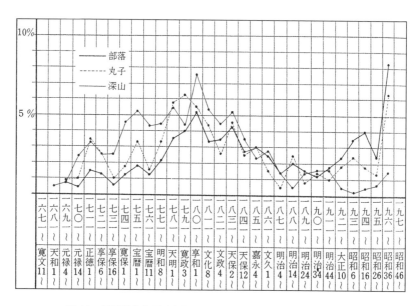

図66　長野県小県郡所在墓標の造立数の推移（小林 1980a より）

を明らかにする観点から墓標の調査を行い，多数の研究成果を発表している（小林大二 1980a，1987 他）。部落と村方双方の墓標に関する悉皆調査を行い，造立数の推移や形態変遷について，差異の有無等を明らかにすることを主眼に考察を行っている。造立数の推移について，墓標の初出が村方は天和期であるのに対して，部落では元禄に入ってからであり，約 10 年遅れていること，その後は双方共に元禄後期に第 1 のピークがあり，享保期に減少し，宝暦期に第 2 のピーク，文化・文政期に第 3 のピークがあることを明らかにした（図 66）。

3. 福井県

　福井県では，三井紀生が地元で産出する笏谷石製の墓標研究に積極的に取り組んでいる（三井紀夫 2003a，2010 他）。三井は，笏谷石の墓標のうち，とりわけ自身が「越前オリジナル」と位置付けている「唐破風屋根付墓標」について，その分布や形態変遷等の考察を行っている。

　「唐破風屋根付墓標」とは，頭部に棟や蕨手が表現された唐破風屋根状の装飾が施されたものである（図 67）。その分布は，越前を中心に若狭や加賀，能登から出羽，さらには下北半島を経て北海道の渡島半島－松前にまで拡がって

図 67　唐破風屋根付墓標（福井県坂井市）

いる。在銘最古の紀年銘を有するのは慶安3年（1650）で，延宝年間末期（1680年頃）から造立が増え，元禄中期から正徳期（1695～1715）頃に造立のピークがあり，享保期（1720）以降は減少するとされている。また，日本海沿岸各地の分布地と造立時期の関係について，他の笏谷石製の石造物が越前から各地への拡散する時期差を有しているのに対し，この「唐破風屋根付墓標」に限っては，その初現について，越前と能登や加賀，下北，桧山地方との差がほとんど見られないとのことである（図68）。

| 年代 | | 越前 | 若狭 | 小計 | 加賀 | 能登 | 越中 | 出羽 | 三八上北 | 下北 | 桧山 | 小計 | 合計 |
和暦	西暦												
慶安3－万治2	1650-1659	2	0	2	0	1	0	0	0	1	0	2	4
万治3－寛文9	1660-1669	9	0	9	1	7	0	0	0	2	1	11	20
寛文10－延宝7	1670-1679	24	3	27	1	2	0	0	0	3	1	7	34
延宝8－元禄2	1680-1689	34	2	36	4	2	2	0	0	4	3	15	51
元禄3－元禄12	1690-1699	31	2	33	6	8	6	2	0	8	6	36	69
元禄13－宝永6	1700-1709	33	5	38	3	6	8	0	2	9	5	33	71
宝永7－享保4	1710-1719	35	8	43	2	8	3	4	4	6	6	33	76
享保5－享保14	1720-1729	25	2	27	0	6	8	2	1	0	0	17	44
享保15－元文4	1730-1739	15	0	15	1	3	3	2	0	0	0	10	25
元文5－寛延2	1740-1749	13	1	14	1	1	11	0	1	0	1	15	29
寛延3－宝暦9	1750-1759	13	0	13	0	0	8	0	0	0	1	9	22
宝暦10－明和6	1760-1769	7	0	7	1	0	10	0	0	0	0	11	18
明和7－安永8	1770-1779	2	0	2	1	0	8	1	0	1	0	11	13
安永9－寛政元	1780-1789	3	0	3	0	2	5	0	0	0	0	7	10
寛政2－寛政11	1790-1799	2	0	2	2	4	2	1	0	0	0	9	11
寛政12－文化6	1800-1809	6	0	6	0	0	4	0	0	0	0	4	10
文化7－文政2	1810-1819	4	0	4	0	0	3	0	0	0	0	3	7
文政3－文政12	1820-1829	0	0	0	0	0	1	0	0	0	0	1	1
天保元－天保11	1830-1839	0	0	0	0	0	1	0	0	0	0	1	1
天保12－嘉永2	1840-1849	3	0	3	0	0	1	0	0	0	0	1	4
嘉永3－安政6	1850-1859	0	0	0	0	0	0	0	0	0	0	0	0
万延元－明治2	1860-1869	1	0	1	0	0	0	0	0	0	0	0	1
合計		262	23	285	24	50	83	12	8	34	25	236	521
調査数		851	42	893	46	214	396	112	26	113	214	1121	2014
在銘率（%）		30.8	54.8	31.9	52.2	23.4	21.0	10.7	30.8	30.1	11.7	21.1	25.9

備考　越中のデータは「富山湾沿岸における越前式笠付墓標分布調査報告書」から集計（『富山市日本海文化研究所紀要第8号』富山市日本海文化研究所　平成7年3月発行）

図68　「唐破風屋根付墓標」の地域別年代分布（三井2014より）

　関根達人は，2014年から5カ年計画で越前・若狭の港町をフィールドとして，中近世墓標の悉皆調査を実施している。関根は，蝦夷松前や津軽において近世墓標を資料にして様々な観点から当該地域における社会的様相の研究に取り組んできていた。こうした研究のなかで，蝦夷地の墓標が日本海海運の成立発展と大きな関係があることを把握した。具体的には，松前藩の藩主等の墓標として採用されている「石廟」が越前式であること，近世初期の墓標が近世初期には福井県産の笏谷石が主体であったものが，同海運の確立以降は瀬戸内海産の花崗岩に代わるということ等を指摘していた。このような事由により，日本海海運の重要港であった越前の三国と敦賀，若狭の小浜において調査を実施した（関根 2015，2016，2018b）。

　これらの調査報告から次のような様相が見える。造立状況をみると，越前三

年代(10年毎)	笏谷石	花崗岩	その他	合計	年代(10年毎)	笏谷石	花崗岩	その他	合計
1490年以前	0	0	0	0	1681〜	103	15	0	118
1491〜	4	0	0	4	1691〜	134	11	0	145
1501〜	1	0	0	1	1701〜	195	7	0	202
1511〜	1	0	0	1	1711〜	154	6	0	160
1521〜	0	0	0	0	1721〜	130	2	0	132
1531〜	4	0	0	4	1731〜	140	1	0	141
1541〜	4	0	0	4	1741〜	134	2	0	136
1551〜	5	0	0	5	1751〜	125	2	0	127
1561〜	15	0	0	15	1761〜	104	0	0	104
1571〜	8	0	0	8	1771〜	144	0	0	144
1581〜	11	0	0	11	1781〜	144	2	0	146
1591〜	9	0	0	9	1791〜	146	1	0	147
1601〜	11	0	0	11	1801〜	140	0	0	140
1611〜	11	1	0	12	1811〜	150	1	1	152
1621〜	13	0	0	13	1821〜	155	0	0	155
1631〜	15	0	0	15	1831〜	235	2	0	237
1641〜	31	4	0	35	1841〜	179	2	0	181
1651〜	41	2	0	43	1851〜	178	0	1	179
1661〜	94	5	0	99	1861〜1868	164	0	0	164
1671〜	112	1	0	113	不明	66	1	0	67
					合計	3310	68	2	3380

図69　越前三国湊所在墓標石材別造立数の推移（関根 2015b より）

国湊や若狭小浜では，1640年代に造立数が顕在化し，1660年代以降に急激に増加している。墓標の主要形態は，「一石五輪塔」→「別石五輪塔」→「一石位牌形」→「有像舟形」→「位牌形」→「角柱形」と推移している。使用石材について，三国湊では，3,380基の墓標のうち，笏谷石以外の石材が，わずか70基に過ぎず，約98％が地元石材であったとあるように（図69），笏谷石の独占化が見られる。戒名の位号については，三国湊では，「禅定門・禅定尼」が先行し，1680年代を境に「信士・信女」に移行している。

4．石川県

（1）能登地域

　石川県では，能登の鹿島町（現在の中能登町）が町史編纂事業時に石動山（せきどうざん）に関係する資料を集約しており，中世以降の石造物や近世の墓標の調査成果もまとめられている（鹿島町1986）。石動山は，能登半島の高峰のひとつで，山岳信仰，修験道の聖地として中世期に興隆したが，戦国期には戦火に遭い衰退する。近世期には，加賀藩主前田家により保護されて復興されるが，明治維新の廃仏毀釈により廃絶している。山内の数ヵ所の墓地に残る近世墓標について悉皆調査が行われている。調査された墓標は，そのほとんどが石動山に在住した僧侶のものと報告されている（図70）。この石動山で特徴的なことは，使用石材につ

図70　石動山における墓標の現況（石川県中能登町）

いてである。墓標に最も多く用いられている石材が，北陸地方で一般的な地元産の凝灰岩である笏谷石ではなく，「佐渡石」と呼ばれる佐渡島に産出する安山岩であることが明らかになっている。この理由として，佐渡に石動山の信者が多くいたこと，北前船航路の中継地であった七尾や伏木が近在にあり，同山の山麓にも石材搬入に活用できる港が存在していたことが挙げられている。北陸地方では，石材の搬出入については，この北前船の存在が大きく関与していたことは上述の三井の他，いくつかの研究成果でも触れられているが（三井 2004，富山市 1995，関根 2012 他），これらの場合は越前や加賀産の笏谷石の搬出例が多く，この石動山の調査成果は逆の事例としても注視しておく必要があろう。

(2) 加賀地域

　金沢市では，近世初期に藩主前田家の墓地として造営された野田山墓地の一角において，墓地移転に伴って調査が行われ，その報告がなされている（金沢市 2003）。

　この調査報告では，形態変遷や造立数の変化，戒名（位号）や下置き字，被葬者数の状況，使用石材等について，分析・考察が加えられている。形態変遷では，塔形から非塔形という全国的な流れと同じ様相があり，非塔形についても 17 世紀中頃に「位牌型」と「方柱型」が，「笠型」が 18 世紀に入ってから現れ，19 世紀には「方柱型」が盛行するという全国各地と同様の傾向を呈している。位号と形態との関係では，非塔形では大きな相関関係は見出せなかったとし，下置き字については，18 世紀以降に「霊位」から「位」への変化が緩やかに見られたとしている。俗名が記載される資料が 16 世紀代から継続的に見られ，家紋の採用は，1730 年代からで，18 世紀代では 1 割程度，19 世紀代では 3 割と徐々に増加傾向を示している。石材については，安山岩（「戸室石」），凝灰岩（「笏谷石」，「小原石」），花崗岩の 3 種類があり，安山岩→凝灰岩→花崗岩という変遷が見られる。石材と形態との関連では，宝篋印塔と上述した「唐破風屋根付墓標」に笏谷石が採用されている。なお，18 世紀中頃から 19 世紀中頃を中心として，塔身は凝灰岩，台座や基壇は戸室石という異なった石材を組み合わせて墓標を造立する傾向が見られたとの指摘がなされていることも注目すべき点であろう（図 71）。

年	青戸室	青+青	青+赤	赤戸室	赤+赤	赤+凝	凝灰岩	凝+青	凝+赤	凝+凝	凝+花	凝他	凝?	花崗岩	花+赤	花+花	花+凝	その他	不明	計
1501																				0
11																				0
21																				0
31																				0
41																				1
51																				0
61																				0
71																				0
81				2																2
91																				0
1601																				0
11				1						2										3
21				1																1
31					2					1										2
41	1				3					1										4
51				3	1				1											6
61						1	2		1											4
71					3					1										4
81				5	5	2	1			1										14
91	1			8	6					4									1	20
1701		1		7	7		1			5										21
11				4	8		3		1	2										19
21	1			6	10	2	4			3										26
31				2	7		3			10										22
41	1	1		4	7		4		1	7										25
51				4	14	1	2			4										25
61	1			1	4		3		3	4										16
71	2			2	1		4		2	7										18
81				4	4		3		4	14										29
91				4	3	1	5		3	17										33
1801				3	5		15		6	21								1	2	53
11		2		5	6		19		4	26				1					1	64
21				5	14	2	14	2	6	44		1							2	89
31				7	6	1	12		6	38		1		1						72
41		1		5	9	1	19		11	59				1				1		107
51		5	1	4	10		24		9	86				1	1	1		1		143
61				3	10	1	30		8	60				1				4	2	119
71		2		7	3		35		7	68			2	1					3	128
81					4		23		5	41						1			1	75
91					1		24			55						1				81
1901							12			68						1				81
11							6		1	43	1		1	1	1	3		1	1	59
21							4		1	58		2	1			19		2	1	88
31					1	1	5			31			1	2		58		1	3	103
41							3		1	14				5		26				49
51						1	10			23				6		18				58
61						1	1			9				15		19	1	1		47
71						1	3			2				23		31	1			61
81							1			1				24		26	1	1		54
91														18		27				45
2001														1		2				3
年号不明	3	1	1	63	87	2	65	1	26	117			2	9		4	1	2	8	393
合計	10	13	2	162	245	14	366	3	105	942	1	2	11	108	2	237	4	15	25	2267

＊ 戸室は安山岩を示す。　　＊ 墓碑＋台座を示す。　　＊ 青は青戸室、赤は赤戸室を示す。そのほかも同様に省略した。

図71　金沢市野田山墓地所在墓標石材別年代推移（金沢市 2003 より）

5. 富山県

　富山県においては，立山の信仰を支えた宗教村落岩峅寺における調査がある（立山町 2012）。

　立山は富士山，白山と並び評される日本屈指の山岳信仰の山で，岩峅寺は立山の麓にあり，立山信仰の拠点集落として栄え，明治初期の神仏分離政策以前は，集落内に「衆徒」「門前」と呼ばれる家が数十件存在していた。これらの家は，全国各地から訪れる信仰者の宿坊であり，また全国各地に赴いて立山信仰の布教活動も行っていた。この調査は，村落内の石造物について悉皆的に行われたもので，その対象は墓標の他，燈篭や狛犬，水盤にまで及び，975 点が資料化されている。このうち墓標については，村落内に点在する墓地に所在する墓標について（図 72，図 73），造立数の変化をはじめ，形態や位号の変遷，頭書の種子の傾向，高さ（規模）と年代との関係などについて，考察が行われている。本報告の特徴として，僧侶と以外の「衆徒」とを分けて，上記の変遷や傾向について分析がなされていることが挙げられる。

　この調査では，形態が「像類」「塔類」「標類」の 3 種に大別されている。その変遷については，「標類」から「像類」「無縫塔」への流れが明らかにされ，全国的な傾向である塔形から非塔形とは異なる結果となっている（図 74）。無縫塔は 17 世紀の後半になってから造立が認められ，近世初期においては，僧侶の墓標についても非塔形であったことは，留意すべき事項であろう。墓標の初現は元和元年（1615）銘を有する僧侶のもので，僧侶以外では約半世紀後の寛文元年（1661）の資料が最も古いものとなっており，この時期以降に墓標の造立が増加している。なお，寛文元年の墓標は刻まれた戒名と史料との対比により，僧侶の近親者であったことが明らかになり，僧侶から近親者，さらに一般の「衆徒」に拡がっていったと指摘されていることは，興味深い点である。また，頭書の種子の変遷について，初現期では，阿弥陀如来の「キリーク」と大日如来である「アーンク」が主体であるが，18 世紀になると，「キリーク」と同じ大日如来でも「ア」が多用され，「キリーク」は僧侶の，「ア」は僧侶以外の墓標に採用されている。

　この他，富山県内では，上述したように福井県の「唐破風屋根付墓標」について，1995 年に富山湾沿岸における分布状況を把握する調査が実施され，その成果が報告されている（富山市 1995）。

図 72　岩峅寺村落内墓地 -1（富山県立山町）

図 73　岩峅寺村落内墓地 -2（富山県立山町）

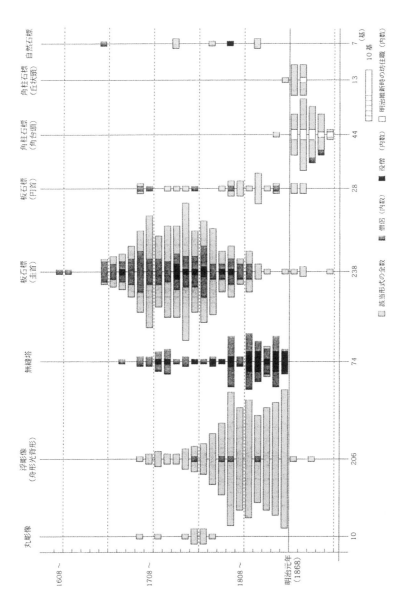

図74 岩峅寺衆徒墓地所在墓標の形態変遷（立山町 2012 より）

6. 新潟県

(1) 佐渡

　新潟県では,佐渡島の中心地の相川町(現在の佐渡市)における調査がある(相川町 1973)。その後,同じ佐渡島において,谷川章雄が同島の中心部から外れた鷲崎に所在する寺院墓地の近世墓標を調査している(谷川 2001)。谷川は近世墓標の普及を課題として挙げ,この課題に対して,離島や僻地の村における調査が重要と考え,他の離島においても調査を行っている(利島村 1996)。この佐渡では,相川も鷲崎においても,寛文期以降に造立数が顕著となっており,全国的な傾向と同じ様相を呈している(図 75,図 76,図 77)。谷川は,こうした墓標の普及状況について,鷲崎が西廻り航路の重要な風待ち港として栄えていたこととの関連性を挙げ,近世墓標は航路や街道などの交通路に沿って,都市から村へ普及していったと指摘している。石材については,すべての墓標の石材が佐渡産のものであり,中でも石英安山岩製のものが多数を占めているとのことである。

　なお,佐渡島では近代以降の事例であるが,鈴木洋平が民俗学の観点から,橘地区における調査により,墓標の石材と階層とに言及した論考を発表している(鈴木洋平 2009)。

明暦	承応	慶安	正保	寛永	元和	慶長	年号 現存数
○	○	○	─	─	○	○	
計	元禄	貞享	天和	延宝	寛文	万治	年号 現存数
七八	四二	一	─	四	八	八	三

図 75 佐渡相川における「板石形塔婆」の年代推移 (相川町 1973 より)

計	流紋岩 吹上	凝灰岩 水金沢	花崗岩 椿尾	石英安山岩 小泊	石材 産地 現存数
七八	二	一	一八	五七	

図 76 佐渡相川における「板石形塔婆」の使用石材 (相川町 1973 より)

計	日蓮宗	真宗	浄土宗	禅宗	天台宗	真言宗	宗派 調査寺数 現存数
三三	一〇	七	七	三	一	五	調査寺数
七八	二	四五	二	二四	○	六	現存数

図 77 佐渡相川における「板石形塔婆」の宗派別造立数 (相川町 1973 より)

(2) 中越地域

　遺跡発掘調査に伴って近世墓標の調査や分析が行われている事例があり，これらは，2005 年に松井智によって簡潔にまとめられている（松井智 2005）。松井が取り上げたのは，新潟県津南町の相吉遺跡（津南町 1995），芦ヶ崎西平遺跡（津南町 2002），岡原 A 遺跡（津南町 2004）と，巻町（現在の新潟市）の城願寺跡遺跡・坊ヶ入墳墓の 4 遺跡における調査報告の成果である。

　このうち，津南町では，17 世紀前半に造立が開始されているが，顕在化するのは 18 世紀前半以降である。主要形態は，「舟形光背形」，「方柱形」，頭部が角錐を呈する「方柱形」，頭部が円弧状の「方柱形」などである（図 78）。概ね「舟形光背形」→ 頭部円弧状の「方柱形」，「方柱形」という変遷は認められるが（図 79），近接する墓地同士においても差がある。このことから，松井は「近隣の共同墓地にあっても同時期の墓標に差異が認められることは，墓標形態に対しての趣向性・主体性が存在する」と指摘している。

　津南町の東に位置する湯沢町では，鈴木宏美が同町三俣に所在する墓地を対象にして墓標調査を行い，論考をまとめている（鈴木宏美 1999）。鈴木が対象とした三俣は北国街道沿いの宿場町で，街道沿いに人家が拡がり，墓地もこの街道沿いに点在している（図 80）。墓標の初見は，1650 年代で，17 世紀後半には間断なく造立されており，江戸やその周辺とほぼ同じ様相である。形態については，尖頭舟型→頭部円弧状舟型→櫛型及び方柱型という変遷が見られる。櫛型と方柱型の出現や盛行時期について，明確な差が認められないことは，当該地域の特徴と言えそうである。

　この他，新潟県内では新発田市三光寺における秋池武の調査がある（秋池武 2010）。

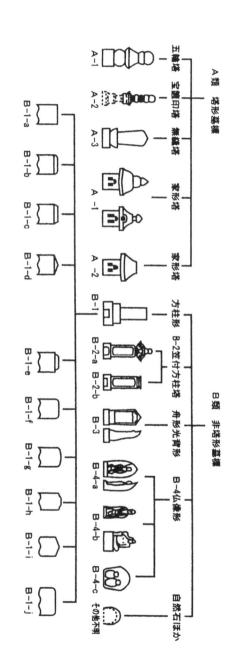

図78　津南町相吉遺跡所在墓標の形態分類（津南町 1995 より）

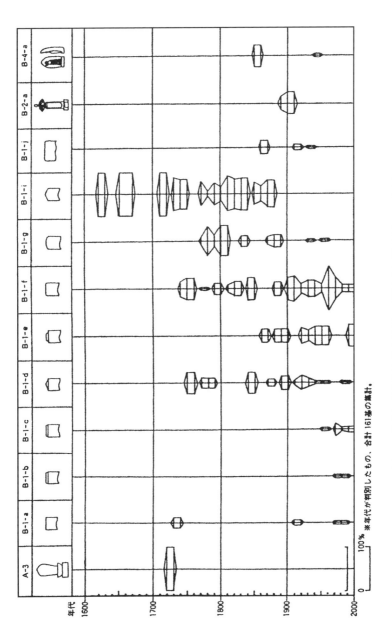

図79　津南町相吉遺跡所在墓標の形態変遷（津南町 1995 より）

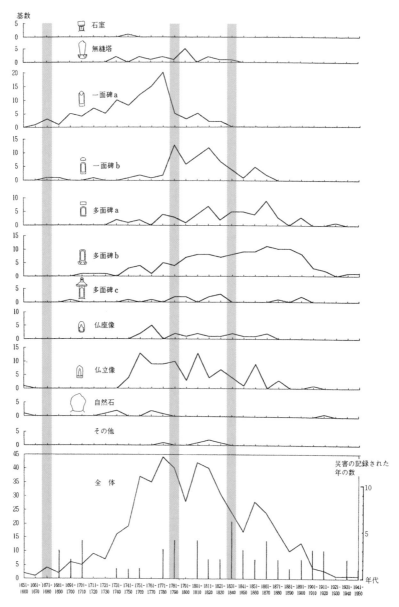

図80　湯沢町三俣所在墓標の形態変遷（鈴木宏美 1999 より）

⑤ 中部・東海地方の様相

1. 愛知県

　愛知県では，研究史の項でも触れたように池上年の研究が先行研究として位置付けられている（池上年 1962）。

　この池上年の研究成果，指導を受けて，現在の高浜市においても墓標の調査がなされ（高浜町 1964），市内における墓標の様相がまとめられた。同市は伊勢湾に面しているにもかかわらず，「伊勢湾沿岸式」の墓標は存在していないこと，瓦の産地として著名なためか「瓦塔」と呼ぶ陶製の墓標が数十基確認されていることなどが報告されている。

　また，県東部の幸田町深溝本光寺において実施された大名墓－島原藩主深溝松平家－の調査に伴い，同寺院の総合文化財調査が行われ，境内墓地にある墓標の概要報告がまとめられている（本光霊宝会 2010，幸田町 2013）。

　なお，「伊勢湾岸式」墓標（図 81）については，野澤則幸によって取り上げられている（野澤 1988）。野澤は現在の豊川市に所在する龍源寺の資料を中心に，その分布状況や造立数の変化，石材による特徴などについて，分析，考察を行い，その成果をまとめている。

図81　「伊勢湾岸式」墓標（三重県松阪市）

2. 三重県

(1) 志摩地域

　田中真砂子がまとめた民俗学の観点からなされた墓標の調査がある（田中真砂子 1991, 1992）。この調査は，鳥羽市菅島において，両墓制の墓地と家族や親族構造との対応関係を明らかにすることを主目的に，詣墓の墓標を対象としてなされたものである。田中は，調査によって得られた資料を基に，墓地内の区画と祀られている家との関係を中心に墓標の造立数の推移や形態変遷等について考察を行っている。墓地の区画と年代や形態との関係では，旧家の区画には年代的に古い様相の一石五輪塔や板碑型が散在しているとし，伝承と資料との一致が示された結果となっている。形態変遷については，「板碑型」から「丸兜型」に交替するのが 18 世紀後半で，この時期に造立数が急速に増加している（図 82）

石塔型式	注①無記年	~	1600~	1650~	1700~	1750~	1800~	1850~	1900~	1950~	注②年代不明	計	備考
一石五輪	3											3	
板碑型			5	7	3	1	1	0	0	0	5	22	
自然石型			1	2	4	6	4	6	0	0	23	46	
光背仏像型注③			0	4	5	1	3	1	3	0	11	28	
丸兜型注④			1	2	26	73	173	124	252	40	65	756	
方柱型			0	0	0	3	3	9	179	134	8	336	
位牌型			0	0	0	0	1	0	1	15	0	17	
無縫塔			0	1	4	1	4	4	3	1	0	18	
五輪塔			0	0	0	0	0	0	1	0	1	2	
無銘小石注⑤	32											32	
形式不明注⑥			0	0	0	4	8	6	12	6	10	46	
計	36		7	16	42	89	197	150	451	195	123	1,306	

注　①　本来、年代無記銘の石塔。
　　②　欠落等のため、記年銘読みとり不能。
　　③　断面が矩形、上部がアーチ型の石塔。
　　④　丸兜型を除く、断面が正方形の石塔。
　　⑤　新区画設定を示すミニ自然石。
　　⑥　上部欠落などにより、石塔タイプ特定不能。

図 82　鳥羽市菅島所在墓標の形態変遷（田中真砂子 1991 より）

と述べられており，全国的な傾向とほぼ同じ様相を呈していると言えよう。なお，最古の紀年銘は慶長3年（1598）を有する「五輪塔を浮彫りにした板碑型」墓標であることは，畿内なかでも大和盆地の影響を受けたものと思われる。この他，埋墓と詣墓に同一の戒名が刻まれた墓標がそれぞれ存在している事例を取り上げ，埋墓所在の墓標が「五輪塔を浮彫りにした板碑型」で，詣墓所在が五輪塔の浮彫りがない「板碑型」であること，また詣墓の資料については，その同一戒名の他にもう1名の戒名が刻まれていることから，後者が前者に「遅れて作製建立された近世的なもの」とまとめられている。こうした事例については，両墓制を扱った本研究の特徴と言えよう。

　志摩市磯部町において，道路建設工事に先立ち近世墓地の発掘調査が実施されている。この調査に伴い，調査地周辺において，墓標調査が行われ，岡本広義らによって報告がまとめられている（三重県2006）。この「浄土近世墓地」

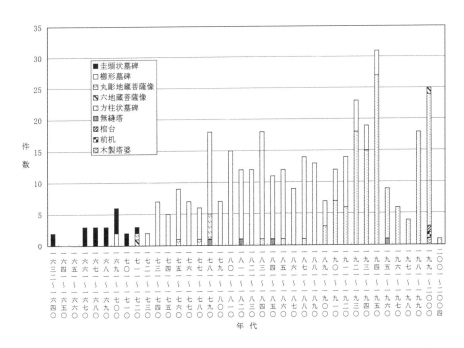

図83 鳥羽市千賀地区墓地・竪子墓地所在墓標の石材別造立数の推移（三重県2006より）

は的矢湾に面した丘陵上に位置し，20基程度の墓坑が検出されている。中には上部に墓標も伴う遺構も見られ，本州においては上部構造と下部構造がセットで確認された数少ない事例のひとつである。確認された墓標には，基部が尖っており，直接地面に突き刺すように加工された櫛形の墓標があることが特徴的である。

　周辺地域で行われた石造物や墓標調査とは，的矢湾の対岸にある鳥羽市の竪子と千賀地区の数ヵ所の墓地で行ったもので，年代と形態や使用石材との関係が分析・考察されている（図83）。両地区における紀年銘の確認できた非塔形墓標の初出は竪子地区が寛永年間（1630年代），千賀地区が慶安5年（1652）で，いずれも「圭頭状墓碑」で，後者については「伊勢湾沿岸式」墓標である。当地域は初現期においては，三河周辺と同じ様相を呈しているようである。なお，以降の造立数の変化や変遷については，畿内等の状況とほぼ同じような状況である。

　これらの石造物調査において，確認された石材のひとつに和泉砂岩の存在があり，これについて自然科学的な観点からだけではなく，考古学的な観点からも考察がなされている。それは墓標の高さと幅の法量の関係を和泉砂岩の産地である大阪府阪南市においてなされた墓標調査のデータと比較検討したもので（図84），この結果，当地と産地とは差があることが確認された。明治初年の文献史料により，当地へも和泉砂岩の搬入が確認されていることから，未加工の石材として移入され，地元で加工されていたか，自然科学的に和泉砂岩の特徴を有する砂岩が地元で産出していた可能性が示されている。この考察は，石材の産地，産地同定について問題提起したものとして，留意しておきたい。

　さらに，この浄土近世墓地の発掘調査を担当した佐藤亜聖らは，同じ志摩地域の漁村を対象に，中世から近世にかけての葬送墓制について様々な観点から調査研究に取り組み，そのひとつとして墓標調査を行っている（佐藤亜聖2009）。佐藤が墓標調査を行ったのは三重県鳥羽市相差町に所在する梵潮寺墓地と相差墓地で，両者は両墓制の詣墓と埋墓の関係にある。造立数の変化や形態変遷を始め，石材・戒名の変遷，戒名と形態との関係，両墓制を形成している両墓地における被葬者の実態について，考察を加えている。

　非塔形墓標の初出は，梵潮寺が慶長15年（1610），相差墓地が寛永2年（1625）で，その後，造立数については両墓地共に1670年代がピークで以降減少し，

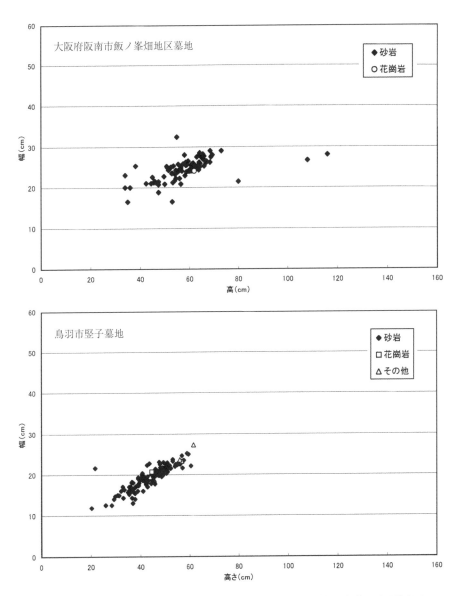

図 84 大阪府阪南市飯ノ峯畑地区墓地・鳥羽市竪子墓地所在「櫛形」墓標法量散布図
（三重県 2006 より）

1760 年代に最も少なくなり，その後再び増加している。形態変遷について，初出の墓標は両墓地共に「圭頭板碑」で，17 世紀半ばまではこの形態が主流であったが，近畿地方の墓地の状況と同じく 17 世紀後半に「櫛形墓標」が現れる。その後，18 世紀後半～19 世紀初頭より「方柱状墓標」も造立されるが，「櫛形墓標」が明治に至るまで多数を占めている。石材については，3 時期に分かれるとしている。1690 年代までは地元で産出する緑泥片岩や石英斑岩が，以降 1890 年代までは砂岩が採用されている。花崗岩の使用は 1870 年代以降の明治期に入ってからという変遷が見られる（図 85）。形態と石材との関係については，両墓地共に「櫛形墓標」の普及時期と砂岩の採用時期がほぼ同じであることから，朽木の指摘（朽木 2004b）を例に出し，「墓標形態と石材が何らかの関係を有していたことは疑いない」としている。

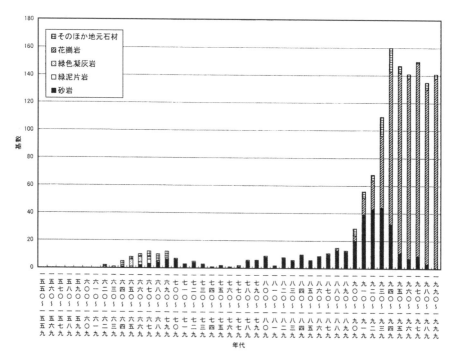

図 85　鳥羽市梵潮寺墓地・相差墓地所在墓標の石材別造立数の推移（佐藤亜聖 2009 より）

　戒名のうち位号については，当初「禅定門・禅定尼」であったが，1730年代以降「信士・信女」が主体となり，「居士・大姉」が1750年台以降一定数見られるようになる。しかし，近世期を通じて「禅定門・禅定尼」や「信士・信女」が見られなくなるのではなく，「居士・大姉」と共に3者が一定の比率を保っているとしている。また，形態が変化する時期－「圭頭状板碑」から「櫛形墓標」への転換期において，戒名の位号については変化が見られないことから，形態の変化と階層性とは関係がないとしている。

　なお，両墓制を形成している両墓地間において，同一の戒名が存在する比率，すなわち被葬者が埋墓と詣墓の両方に刻まれている墓標数は，わずか10％以内であったという分析結果についても明らかにしている。

(2) 伊勢地域

　志摩に隣接する伊勢地域では，伊勢市において「伊勢御師（いせおんし）」である白米家（はくまい）の墓地の総合調査が行われている（伊勢中世史研究会2015）。白米家は，15世紀の末以降，代々が豊受大神宮（伊勢神宮外宮）の御師（とようけ）として，各地に伊勢信仰を広めていたとされている。調査により資料化された墓標については，形態変遷や年代別の造立数の変遷をはじめ，年代と石材との関係等について考察が行われている。

　形態については，図86にあるような分類がなされている。当地の特徴として，「南伊勢系板碑形石塔」の存在と他地域での事例では一般的に多観面とされる「櫛形石塔」等に「単面と多面」の2形態があることが挙げられている。また，五輪塔について，「組合せ式」「一石」「二石」とあるが，このうち「二石」については，畿内には見られず，伊勢地域の特徴である。造立数の変化については，近隣の墓地や先行研究の事例における調査データとの比較検討もなされている（図87）。これらの比較では，白米家の墓標造立数のピークが17世紀前半から後半にあることは，極めて特徴的で，他の伊勢地域とも異なる様相を呈しているとのことである。

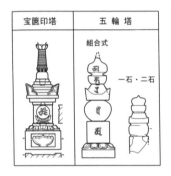
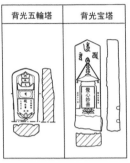

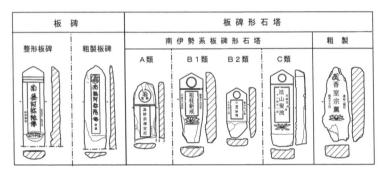
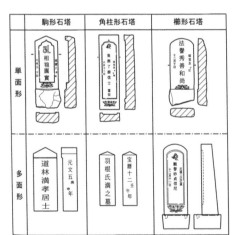

※1 宝篋印塔と整形板碑は、白米家墓地以外の資料を示している。

※2 整形板碑は、白米家墓地では存在していないが　粗製板碑との比較のため　便宜的に掲げた。

図86　伊勢市白米家墓地所在墓標の形態分類（伊勢中世史研究会 2015 より）

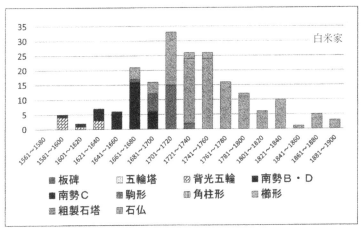

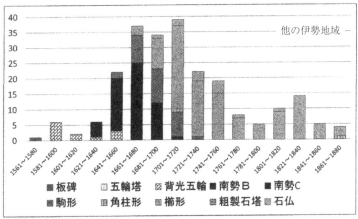

図87 伊勢市白米家墓地及び周辺墓地所在墓標の造立数の推移
（伊勢中世史研究会 2015 より）

3．静岡県

(1) 遠江地域

　研究史の項でも触れたように，斎藤忠が大須賀町（現在の掛川市）に所在する撰要寺において行った調査が代表例として挙げられる（斎藤忠 1982）。撰要寺は，横須賀藩主であった大須賀家や本多家等の菩提寺で，藩主の供養塔，家臣に加え，豪商や町人の墓標も墓地に造立されている。調査は，まず墓地における墓標の配置図を作成することから始められ，参道や地形の高低などでいくつかの地区に分けて，そこに建立されている供養塔や墓標との関係をおさえている。こうした地区別に墓標を把握する方法は，坪井良平の研究や「古墳群について試みられている方法論をとった」と述べられている。このことは，長年様々な考古学研究に取り組んできた斎藤らしい方法論と言えよう。

　次に墓標の形態分類を

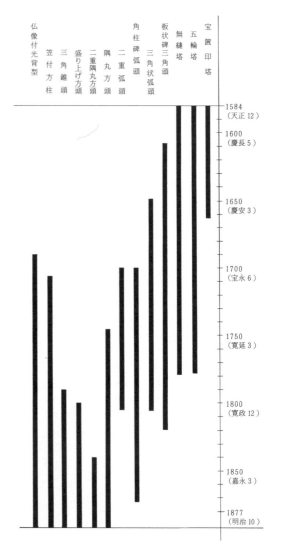

図88　撰要寺所在墓標形態変遷（斎藤忠 1982 より）

図89 撰要寺所在墓標に見える立葵の家紋の諸形式（斎藤忠 1982 より）

行ったうえで，形態変遷（図88），墓標に刻まれた蓮弁や家紋などの考察がなされている（図89）。非塔形墓標の初現期の状況を見ると，江戸周辺における尖頭舟型が主流であるが，「伊勢湾沿岸式」墓標なども確認されることも江戸と伊勢湾との中間に位置する本地域の特徴と思われる。

(2) 駿河地域

県中央部に位置する焼津市では，河合修により市内各地の墓標について調査がなされ（河合 2007），形態と戒名や位階，石材等との関係について考察・分析が行なわれている。

形態では，大きく「板状碑」「角柱碑」「その他」に3分類されている（図90）。最古の資料は，「板状碑・三角頭」の1628年の例で「板状碑」は寛文年間以

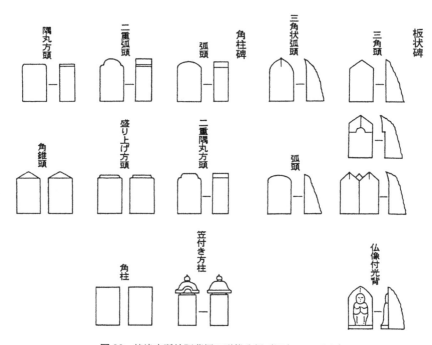

図 90 焼津市所持阿墓標の形態分類（河合 2007 より）

降普遍化し，「角柱碑」は正徳〜享保期から増加傾向にある。これらは概ね全国的な傾向と同じと言えよう。戒名と形態との関係では，「仏像付光背」について，18世紀代を境に成人を被葬した例が見られなくなり，子どもの墓標として特化することが強調されていることに留意したい。石材については，中世期からの変化として，近隣に産出する凝灰岩「当目石」について，14世紀の石塔にはその製品が散見されるが，16世紀代の石塔にはほとんど見られなくなり，近世期に入ると再び使用され始め，19世紀代に急増しているとのことである。

　この他，沼津市では市史編纂事業の一環で霊山寺墓地において，調査が行われている（沼津市 2002）。

　形態変遷は，全国的な傾向とほぼ同様で，舟型や駒型が 1690 年代〜1730 年代に主流となり，以降は角柱型と櫛型が大勢を占めている（図 91）。また，特

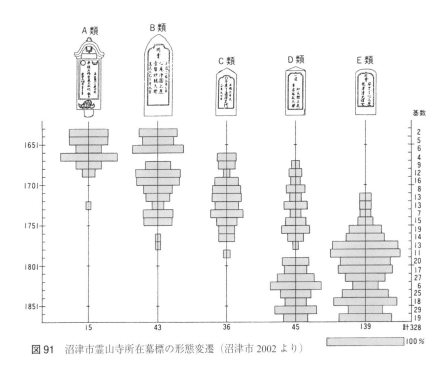

A 類　　B 類　　C 類　　D 類　　E 類

基数

| 2 |
| 5 |
| 6 |
| 4 |
| 9 |
| 12 |
| 16 |
| 8 |
| 13 |
| 13 |
| 7 |
| 15 |
| 19 |
| 14 |
| 13 |
| 11 |
| 20 |
| 17 |
| 27 |
| 6 |
| 25 |
| 18 |
| 29 |
| 19 |

15　　43　　36　　45　　139　　計328

100%

図91 沼津市霊山寺所在墓標の形態変遷（沼津市 2002 より）

徴的な形態としては，頭部の内側に唐草や花の装飾を施した「一体の屋根を造り出した」ものが初期段階で見受けられることが挙げられる（図92）。なお，近世期の墓標としての初現は1630年代であることも，江戸や関東周辺の傾向に一致している。銘文では，頭書や偈頌が刻まれた資料について特記されていることは注目すべき事項であろう。

図92　「屋根一体型」墓標（静岡県沼津市）

(3) 伊豆地域

　箱根山中にあった山中宿は，東海道の箱根宿と三島宿の間にあり，往時には，40 軒を超える茶屋が存在していたとされる。三島市では，教育委員会が近接地で実施した埋蔵文化財調査の一環で，同宿内の石造物や寺院墓地にある墓標の悉皆調査を行い，成果をまとめている（三島市 1995）。墓標調査が行われたのは，同宿内唯一の寺院である浄土宗の宗閑寺で，その変遷や造立数の変化，規模と年代との関係，1 基当たりの被葬者数，被葬者の家（檀家）と造立年代との関係等について，考察がなされている。

　形態変遷については，尖頭舟型・駒型が 17 世紀前半から 18 世紀初頭に，次いで櫛型が 17 世紀後半から 19 世紀初頭に，さらに方柱形が 18 世紀初頭から明治期にかけて建立されている。このように，墓標の初現については，江戸やその周辺と同様の傾向を示していよう。なお，被葬者の家（檀家）と造立年代との関係等についての考察は，当該報告で特徴的なこととして挙げられよう（図 93）。このような分析は，その家の盛衰が明らかになり，さらにはその村落の歴史の側面が看取できる可能性にもつながると思われる。

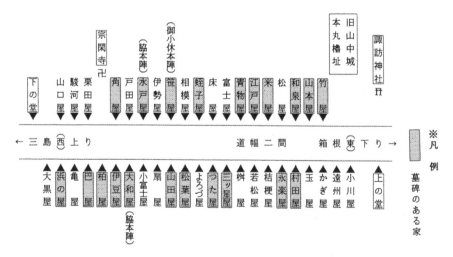

図 93 三島市山中宿家屋配置と宗閑寺所在墓標者（三島市 1995 より）

　伊東市では，市史編纂事業の一環として石造文化財の調査を行い，報告書を刊行している。同書は五輪塔や宝篋印塔等の供養塔，近世墓標，市内に所在する様々な石造物の3分野から構成されている（伊東市 2005）。このうち，近世墓標については，市内に所在する墓標 13,000 余基についての悉皆調査が行われており，様々な観点から考察・分析が加えられ，同市における大きな歴史事象の解明がなされた。調査資料は形態分類，形態変遷を押さえたうえで，形態変遷を押さえたうえで，造立数の推移（図94），1 基当たりの被葬者数，頭書等について考察がなされている。特筆すべきは，墓標の造立数の推移について，1 年単位で集計されていることである。このことにより，同市における歴史的な大きな出来事が史料以外からも明らかにされた。それは，元禄 16 年（1703）年に発生した元禄大地震によって発生した津波が同市を襲ったという災害事象である。

　また，他の調査研究ではあまり行われていない興味深い考察が見られる。

　ひとつは，複数の被葬者が刻まれた墓標におけるそれぞれの没年の差につい

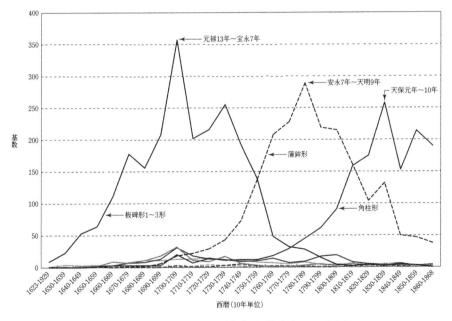

図94　伊東市所在墓標の形態変遷（伊東市 2005 より）

初年号と終年号の開き年数	記銘人数及び代々記銘									総計
	2	3	4	5	6	9	16	代々	不明	
0～10	224	22	7	1			1	2		257
11～20	78	12	6	3	1	1		1		102
21～30	41	11	4	1	1					58
31～40	27	5	3							35
41～50	10	4	3	3	2			1		23
51～60	4	3	1	3				2		13
61～99			2	1	2			2		7
100～	1	1						2		4
不　　明	289	13	4	2				10	25	343
総　　計	674	71	30	14	6	1	1	20	25	842

図95　伊東市所在墓標に見える複数被葬者の年代差一覧（伊東市 2005 より）

図96　伊東市所在未完成墓標実測図（伊東市 2005 より）

ての考察である。この結果，年代差が10年以内が58％，20年以内が78％となっていることが明らかにされている（図95）。そして，先行研究の多くが形態変遷等の考察をする場合，新しい年号を用いている例が多いのに対して，本調査報告では造立年代を当該墓標の最も古い年号を基準としていることについて，10年単位で集計が行われるならば，新旧どちらの没年を採用しても支障がないのではないかと指摘している。

　もう一点は，「未完成墓石」の存在である。同報告によれば，この「未完成墓石」には，墓石の製作途中と思われる「半製品墓石」と外観や外形は墓石として仕上げられているものの戒名等の刻銘がない「未記銘墓石」の2種類が確認されたとしている（図96）。そして，これらが個人の墓域や無縁墓に他の墓標と同様に祀られているとのことである。

　なお，同市史の編纂委員長を務めた坂詰秀一は発刊にあたり，市内に所在する石造文化財が悉皆調査されたことにより，「市の歴史にとって欠くことのできない物証の存在を提示されたが，同時にそれらの歴史的背景が闡明にされた」とし，「地域の歴史を考えるとき，石造物調査が重要であることを明示した例と述べている。

（4）伊豆諸島

　伊豆国に属していた伊豆七島の利島において，村史編纂の一環で谷川章雄により墓標の悉皆調査が行われ，その成果が村史に所収されている（利島村1996）。調査が行われたのは，利島唯一の寺院である長久寺の墓地で，墓地にある129基すべての墓標が対象とされている。造立数や形態の変遷を見ると，中世から近世初頭とされる五輪塔や宝篋印塔が数基存在するものの，墓標の造立は18世紀に入ってからで，最古の紀年銘の資料は正徳元年（1711）の「頭部ドーム状」を呈する方柱形の墓標であるとしている。さらに，ほぼ同時期に「頭部かまぼこ状」の櫛形の造立も認められ，18世紀中頃に「頭部四角錐」の方柱形が造立されるようになり，墓標が一般化したとされている。そして，こうした変化に対して，江戸やその周辺の村落の状況と比較すると，利島では尖頭舟型の墓標が存在せず，墓標の出現が遅れるのは地理的条件からであるが，18世紀中頃以降の墓標の一般化が江戸等との差異がないことは興味深いことであるとまとめている。

⑥ 近畿地方の様相

1．山城南部・大和

（1）山城南部地域

　この地域における調査の代表は，1939 年に発表された坪井良平の「山城木津惣墓墓標の研究」（坪井 1939）である。坪井は京都府相楽郡木津町の墓地（図 97）に所在する約 3,300 基の墓標を約 2 年半の月日を費やして調査し，論考をまとめた。

　坪井は墓標の形式分類として，まず「仏像類」（図 98）「背光型類（図 99）「尖頭型類」（図 100）「方柱型類」（図 101）「五輪塔類」「無縫塔類」の 6 種類と「その他」の計 7 種類に分類し，さらに前者の 6 種類を 33 の型式に分けて論じた（図 102）。この坪井の分類は，後身の研究の礎となっている。こうして分類した形態の変遷はもとより，形態と紀年銘の有無や刻まれた戒名の数について等について，考察を加えている。

　この木津惣墓の特徴等をみてみると，まず，墓標の建立数については，「方柱型類」が最も多く，次いで「背光型類」である。これら 2 形態すべての墓標

図97　木津惣墓から移転した墓標の現況（木津川市東山墓地）

図98 木津惣墓墓標の形態「仏像類」
（木津川市東山墓地）

図99 木津惣墓墓標の形態「背光型類」
（木津川市東山墓地）

数の8割に達し，さらに，「仏像類」の所謂舟形光背地蔵が1割あり，5型式で
9割を占めている。そして，「方柱型類」で最も多いのが，後年「櫛型」や「位
牌型」と呼ばれるもので，この木津では総数の3分の1がこの形式であるとし
ている。形態変遷については，坂詰秀一が「（墓地が営まれた400年間の）前
半に背光型類が，後半に方柱型類が造立主体であったことが判明し，その中間
に尖頭型類が存在し，仏像類・五輪塔類・無縫塔類は，全期間に存在するとい
うことを明らかにされた」と簡潔明瞭にまとめている（坂詰1976，1978）。こ
の変遷の状況については，前述のように，横山浩一が考古学の型式論を著した
際，当該研究を取り上げて，セリエーショングラフを作成している（図12）。
また，造立数の推移については，図103に示す通り，17世紀中頃までに顕在化

図 100　木津惣墓墓標の形態「尖頭型類」　　図 101　木津惣墓墓標の形態「方柱型類」
　　　　（木津川市東山墓地）　　　　　　　　　　　　（木津川市東山墓地）

し，18 世紀前半には一気に増加している。中世から継続している畿内の墓地の
標準的な様相と言えよう。

　なお，坪井は調査対象とした墓地を 8 区に区分して調査を行い，それぞれの
区域における墓標の粗密についても「墓地発展の順序を暗示するもの」と記述
している。この墓地における墓標の「分布論」についても，昨今の調査や論考
に継承されている。

　この他，山城南部周辺を対象とした論考として，朽木量の成果がある（朽木
1994，2002，2004b 他）。朽木は，早くから墓標と石材の流通との関係に着目し，
南山城を流れる淀川水系の木津川流域に所在する 5 ヵ所の墓地の墓標調査を行
い，形態と年代，石材の関係を分析した。その結果，和泉砂岩製の墓標の普及

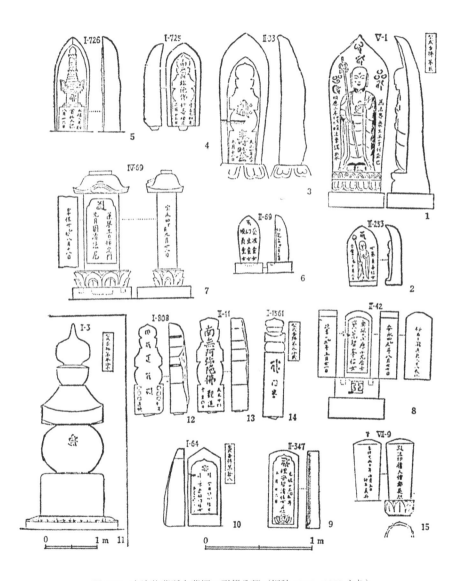

図102　木津惣墓所在墓標の形態分類（坂詰 1976，1978 より）

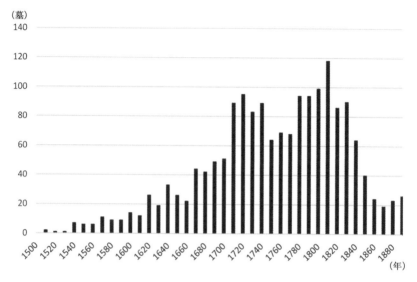

図103 木津惣墓墓標造立数グラフ

と櫛形を呈する墓標の普及とが同時期であること，それぞれの墓地における和泉砂岩製の墓標の普及時期に差があることを確認した。そして，このことを以て，木津川流域の港（浜）と墓地との位置関係がその普及と関連していること，和泉砂岩製の墓標の普及時期が大坂における石問屋の発達時期に対応していることを指摘した。

(2) 大和盆地

　奈良県北部の宇陀，都祁，天理，新庄町では，白石太一郎らにより，墓地，墓標の調査，研究がなされている（白石・村木 2004a）。墓標全体の造立数の推移（図104），墓標の形態別変遷（図105）はもとより，墓標に使用されている石材と年代との関係や墓地内の区域とそこに造立されている墓標の形態との関係（図106）等についても考察されている。

　この両墓地における墓標の変遷や造立数等の特徴については，村木二郎が別稿で論じている（村木2007）ので，以下それを参考にまとめてみたい。

　まず，中山念仏寺墓地では，墓標の造立数は18世紀初頭にピークがあり，「背

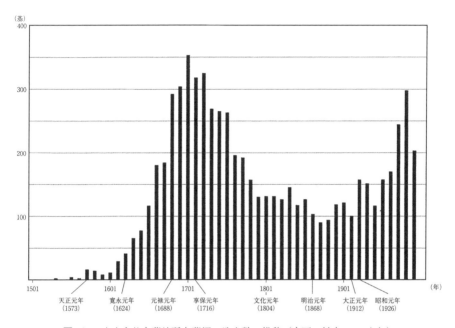

図 104 中山念仏寺墓地所在墓標の造立数の推移(白石・村木 2004 より)

光五輪塔」「舟形」「櫛形」「方柱形」の 4 形式が 80% を占めている。「背光五輪塔」は 16 世紀前半から 17 世紀後半にかけて盛行した後,18 世紀初頭に急激に「舟形」が取って代わり,さらに,徐々に増えてきた「櫛形」が 19 世紀に主流となり,18 世紀後半から「角柱形」が出現している。

　一方,平岡極楽寺では,上記の 4 形式に加え,「有像舟形」「板碑形」「笠塔婆」「駒形」等の墓標も見られる。その変遷としては,中世末から近世初頭の主流が「有像舟形」「板碑形」「背光五輪塔」で,17 世紀後半からは「駒形」になり,さらに 18 世紀から 19 世紀前半は「櫛形」,その後は「角柱形」というようになっている。

　以上の 2 ヵ所の墓地は,農村に所在しているが,中世から近世初期の墓標である「背光五輪塔」と「一石五輪塔」を比べてみると,中山念仏寺では,南山城や奈良市元興寺と同様,「カナンボ石」(輝石安山岩)の「背光五輪塔」が多数見られる。一方,平岡極楽寺では,南河内から紀ノ川周辺と同じく,緑泥片

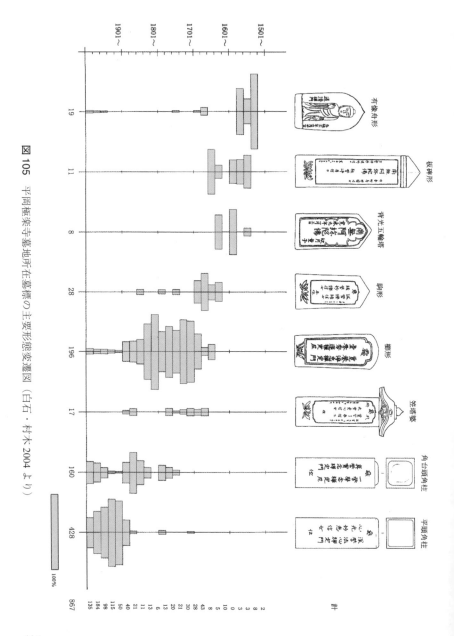

図 105　平岡極楽寺墓地所在墓標の主要形態変遷図（白石・村木 2004 より）

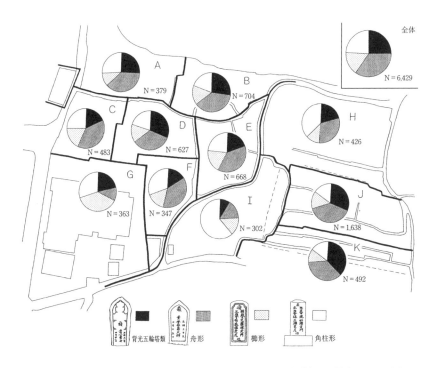

図106 中山念仏寺墓地における「主要石塔の地区別割合」(白石・村木 2004 より)

岩製の一石五輪塔が主流となっている。

　次の事例は，町場にある一般的な寺院墓地の調査事例である。

　橿原市にある国分寺では，歴代住職の墓塔や境内墓地の墓標の調査が行われている (橿原市 2006)。

　この調査によると，同墓地での形態は櫛形が主流で，18 世紀後半から角柱形が使用され始めている。また，使用されている石材は砂岩が大半で，17 世紀後半〜18 世紀前半に安山岩，花崗岩が入る。総体的に墓標 1 基当たりに刻まれる戒名が多く，18 世紀後半以降は 1 基あたり 4 名以上の被葬者がある墓標が多い。被葬者数が多い理由については，寺域が限られており，新規に墓標を建てることが規制され，既存の墓標に被葬せざるを得なかったとのことである。この他，屋号が刻まれた墓標が顕著であることも特徴として示されている。

(3) 奈良町

　木下密運が元興寺極楽坊の境内にある墓標等（表紙写真）2,278 基を調査し，その成果を論じた（木下 1967，元興寺文化財研究所 1977）。

　木下は，調査した墓標のうち「尖頭状五輪板碑」を取り上げ，石材の種類や戒名，墓標に見られる信仰に論点を当てて，分析や考察を行っている。この「尖頭状五輪板碑」は上述した「山城木津惣墓墓標の研究」でいう「背光型五輪塔」である。分析したデータを木津惣墓や周辺寺院（奈良市福智院）の墓標のそれと比較し，考察を加えている（図 107）。

　あらためて本墓地の特徴をみてみると，最古の資料は 16 世紀前半のもので，最新は 18 世紀末の資料となっている。これは，村落等における墓地の様相とは一線を画しており，飛鳥時代に遡る同寺の成立等歴史的経緯と大きく関連しているものと思われる。また，この形態の石材は木津惣墓における「カナンボ石」と同じであることも，特徴のひとつと言えよう。

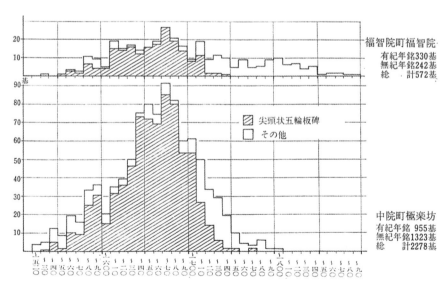

図 107　元興寺極楽坊，福地院所在墓標の造立数の推移（元興寺文化財研究所 1977 より）

(4) 大和盆地周縁部

　大和盆地周縁部では，桜井市の多武峰（桜井市 2011），宇陀市の室生寺（柳沢 2009）において調査が行われている他，旧・山添村では発掘調査の事例（奈良県 1989）も見られる。

　このうち，多武峰では，多武峰全体の盛衰や歴史，僧侶の編成等を把握することを目的に墓標の悉皆調査が行われている（桜井市 2011）。

　多武峰は，明治初期の廃仏毀釈までは妙楽寺，多武峰寺，談山権現などと呼ばれ，多くの子院を擁する天台宗寺院として隆盛していた。調査は，この妙楽寺を中興した増賀上人の墓とその墓が所在するの念誦崛地区内の墓地等における，約 900 基の石塔を対象としている。

　形態変遷では，既往の大和における調査例と同様に，「背光五輪塔」→「舟形」→「櫛形」→「角柱」という変遷を辿っているいること，「背光五輪塔」と入れ替わるように無縫塔が造立されていることが明らかにされている。その一方，造立数の変化では，他の大和盆地の墓地とは異なった様相を呈していることが確認されている。大和盆地内の墓地では，17 世紀後半から 18 世紀初期にに増加傾向が見られるが，多武峰では 17 世紀中頃から末頃にピークがあり，同末頃から 18 世紀初頭に減少している。以降も，盆地内との墓地とは墓標の造立数の点において，やや異なった様相を見せている（図 108）。

　こうした造立数のピークが大和盆地と比して先行している理由は，この時期が江戸幕府によって再興された時期であることを示しているとしている。また，造立数のピークは 1860 年代とされているが，その直後の廃仏毀釈・神仏分離政策の影響を受け，以降は激減していることが明らかにされている。

　なお，約 6 割の墓標が僧侶の位階を有することから，僧侶墓標の造立状況を把握したうえで，僧侶の実態や多武峰の歴史についての考察がなされており，これが本報告の最も大きな特徴となっている。一例を挙げると，僧侶の階層が記された墓標の割合を分析した結果，「僧正→権僧正→大僧都→小僧都→法師という序列が見受けられる」としている。

　宇陀市にある室生寺では，大和盆地の状況と同様に，塔形から非塔形への移行，非塔形では「背光五輪塔」→「舟形・駒形」→「櫛形」→「丘状頭角柱」とういう変遷が確認されている（柳沢 2009）。また，石造物全体の石材の状況

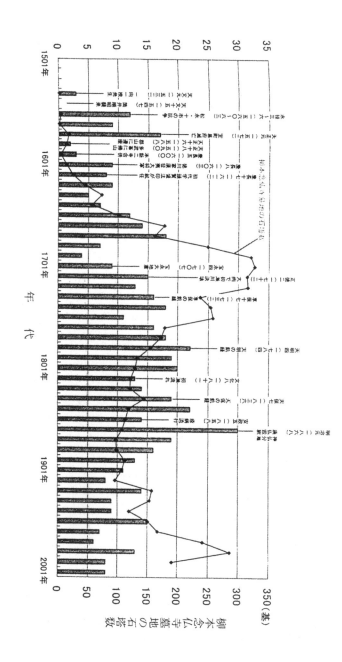

図108　多武峰念誦崛所在墓標の造立数推移と周辺の出来事（桜井市 2011 より）

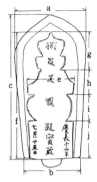

△欄の○印は△のあること。無印は△のないことを示す。

a～jは計測値、dはあつさを示す、単位はcm

岩石種欄●印は室生安山岩、無印は花崗岩

梵字欄◆印は「𑖀𑖠𑖯𑖯𑖴」を示す。

法名欄▲印は禅定門、禅定尼を示す。

　　　　○印は法号のみを記すもの

年号欄●印は年月日を記すもの

　　　　○印は月日のみを記すもの

位置	分類		番号	枠	a	b	c	d	e	f	g	h	i	j	岩石種	梵字	法名	年号
VI			311	○	21.5	19	59.5	14.5	15.5	46.5	14	9	9	14.5				
VI		a	325	○	29.5	24	57	14	20	49.5	15.5	9.5	9.5	15		◆	○	●
II			285	○	30	25.5	62	17.5	21.5	56	16	10	10	21.5		◆	▲	●
VI			313	○	27		46	10	19.5	40.5	10	9.5	9	12	●	◆		
II			284	○	25	24.5	47	12	18.5	45	11	10	8.5	14.5	●	◆		●
VI	I	b	310	○	27	26	49.5	10.5	17.5	46.5	11	10	9.5	16	●	◆		
VI			302	不明	21	15.5	残44	10.5	(14)	不明	不明	9	9	11.5	●	◆		
1			180	不明	27		残32	残9	18	不明	(10)	9	8	不明	●	◆		
1		c	199	不明	24	不明	残24.5	9.5	15	不明	(11)	8	不明	不明	●	◆		
1		d	119	不明	23	不明	残36	13	17	不明	13.5	10	9.5	不明	●	◆		
3a+1		e	214+110	○	25	22.5	残60.5	16	18.5	(63)	18	13	13	19	●	◆	▲	○
1			116	○	(32)	22	残57	15	(21.5)	不明	不明	11.5	15.5	20.5	●	◆		不明
VI			331		23.5	16	57.5	8.5	16.5	49.5	13	10.5	7.5	18.5~16.5	●	◆		
VI			510		27.5	18.5	59.5	10	18.5	35	13.5	8.5	7	5.5	●	◆		
1		f	93+94		21.5	不明	残42	8	14	32	11	14	8	0	●	◆		
1			164	不明	残22	不明	残8	7	18	不明	17	10	不明	不明	●	◆		
1			84	不明	22	不明	残17	10	14.5	不明	不明	6.5	不明	不明	●	◆		
1		c	123		24.5	23	残52	15.5	12.5	不明	不明	9.5	6.5	11				
1		d	184		22.5	19.5	44	8	16	40.5	12	6.5	8	14				
1			137		24	26	残40	12.5	12.5	不明	不明	8	7	10.5				
II	II	e	286		23	23.5	63	8	17	49	14.5	9	8.5	17				
1			69		33.5	27.5	51	54.5	16	44.5	11	10	9	14.5	●			
1			91		30	33.5	67	21	17	46.5	16	7	8.5	15		◆	▲	●
1		f	135		27	不明	残34.5	残18	16.5	不明	11	6.5	6.5	不明		◆		
1			139		29	不明	残26.5	14	12.5	不明	13.5	7.5	不明	不明		◆		
1			85			37	61	14	13	39.5	11.5	6	9	12				
1	不明		148		不明	16	残35	114										
1			96		不明	25.5	残14	114	不明									
1			195	○	不明	22.5	残13											

図109　奈良市広瀬地蔵山墓地跡出土「尖頭状塔婆」一覧表（奈良県 1989 より）

については，240 基のうち 30 基が花崗岩製で，それ以外は「室生石」「榛原石」と呼ばれる地元産の凝灰岩が使用されていると報告されている。

　発掘調査の事例は，奈良県山添村（現・奈良市）の広瀬地蔵山墓地跡の調査である。調査により，同墓地跡には 2 つの「墳丘」があり，その墳丘は 12 世紀末～13 世紀前半頃に経塚として築造され，その後火葬墓が営まれ，さらに 16 世紀後半から江戸時代に入った 17 世紀前半頃に墳丘を背にして墓標が造立され，19 世紀後半以降に無縁墓となった墓標が，墳丘上やその周辺にいくつかの群をなして集積されるようになったことが明らかにされている。これら集積された墓標や五輪塔の台座等，形態や部材毎に法量や石材の種類等が詳細に集約されている。

　形態別に使用石材の状況をみると，「尖頭状塔婆（五輪塔）」では安山岩製が多く，「石仏」や「位牌形」では花崗岩製の比率が高い傾向が示されている（図109）。

2. 京都市内（洛中）

　洛中において考古学的な見地から近世墓標を調査研究した事例としては，本圀寺や妙覚寺における事例が挙げられる。また，文献史学の立場からは，古川元也の論考がある（古川元也 2002, 2003）。

　このうち，下京区に所在する本圀寺墓地については，関口慶久が都市における近世墓標のあり方を追究するべく，調査したものである（関口 2006）。形態変遷をみると（図110），中世末から近世初頭にあたる 16 世紀末から 17 世紀前半にかけては，「笠塔婆」と「板碑」が主体となっている。とりわけ，「笠塔婆」については，18 世紀の初頭までは相応の造立が認められる。「方形」については，17 世紀中頃から造立が見られ，全国的な傾向と同様，近世末まで主体を占めている。また，「角柱」は，「笠塔婆」と入れ替わるように出現している。なお，関口は，角柱を細分化し，頭部の形状が球状を呈する「丘型」と台形状を呈する「台形型」の中間的な形態として，「丘台型」を設定している。この結果，「丘型」→「丘台型」→「台形型」という推移を示すことから，「型式学的変遷」を確認できたとしている。

　この本圀寺墓地において，近世前半に「笠塔婆」が顕著であるという事実は，題目式笠塔婆をよく用いてきた日蓮宗寺院に特徴的な傾向とされている。

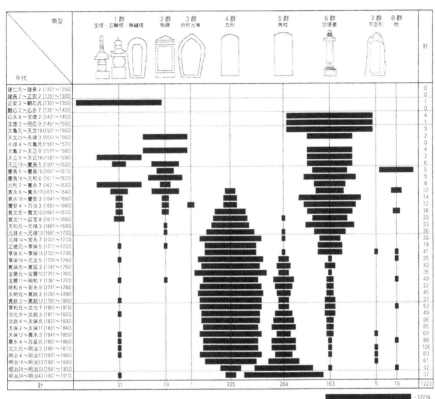

＊年代について，天文19 (1550) 年以前は基数が少ないため50年単位の出現頻度を算出し，天文20 (1551) 年以降は10年毎の出現頻度を算出した。
＊本表において抽出した墓標は，総基数2113基のうち，年代不明の888基および，明治44・45 (1911・1912) 年の墓標2基を除く，計1223基である。

図 110　京都市本圀寺所在墓標の形態変遷（関口 2006 より）

　一方，妙覚寺では，奥絵師狩野家墓所の墓標調査が実施されている。これは，東京大田区池上本門寺において実施された同家墓所の発掘調査の一環で行われたもので，発掘調査等に携った安藤昌就，本間岳人により報告がなされている（坂詰 2004）。石材では，安山岩，花崗岩，砂岩が使用されていること，墓標に用いられている石材では安山岩が主流で，墓所を形成する玉垣や灯篭等は花崗岩が使われているとの報告があり，墓標本体以外に使用石材の観点を拡げていることについても，興味深いものがある。

この他，上京区の寺町旧域・法成寺跡で行われた発掘調査では，700 基余りの墓標が出土し，形態の変遷をはじめとする分析がなされている（京都府 2018）。

3. 摂津，河内，和泉

(1) 南河内地域

大阪狭山市では，市史編纂の一環で墓標調査が行われ（大阪狭山市 2006），河内長野市では一石五輪塔や舟形光背地蔵を対象とした調査がなされ，関連する論考（森山 2019）も見られる。

このうち，大阪狭山市の事例は，市内 12 ヵ所の墓地における墓標の悉皆調査を行い，うち 1 ヵ所の墓地の墓標データを詳細に分析，考察を行ったものである。造立数の推移や形態変遷はもとより，戒名の字数と時代の関係性など，戒名を資料化した分析がなされていることが特徴である。この大阪狭山市における墓標の造立や普遍化については，次のような状況である。造立は 1660 年頃から増加している。この時期に中世末以降主体であった一石五輪塔が減少に転じ，「山型角柱」

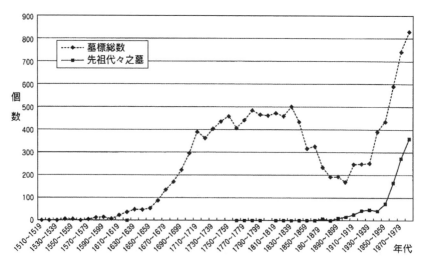

図 111 大阪狭山市所在墓標及び「先祖代々墓」の造立数推移（市川 2002 より）

図 112 安永三年（1774）銘「先祖代々墓」
（大阪狭山市）

（駒形墓標）の造立が顕在化している。また，櫛形墓標は1670年代が初見で，1690年代以降間断なく造立が認められるようになり，18世紀以降幕末まで主体を占めている。墓標が顕在化する時期や一石五輪塔→駒型→櫛型という変遷は，近隣の泉州や本地域の一般的な様相である。

さらに，この調査を主宰した市川秀之がこの調査データを活用して論考を著している（市川2002）。この論考は，「先祖代々墓」に焦点を当て，同市内における先祖代々墓の初現や盛行状況を捉えたうえで，全国各地の事例と比較検討を行ったものである。その結果，先祖代々墓の初現について，都市では18世紀の前半，平野部の農村では18世紀の後半，一般的になるのは19世紀以降のことで，山間部では初現が明治以降，一般的になるのも都市に比べて遅れるとしている（図111，図112）。こうした墓標調査から得られた事実に加え，同市内の文献史料との考察から，先祖代々墓の発生について，近世中後期以降に新たに台頭してきた層が自らの社会的地位を他に示す表現のひとつとして先祖代々墓を採用したと結論付けている。

なお，市川はこの墓標データを活用して，近世期の集落における墓制の成立についても言及している（市川2013）。

(2) 中河内地域

八尾市では，久宝寺墓地や神宮寺墓地で調査報告がある。久宝寺墓地の調査は，無縁墓の整理に伴い，教育委員会によりなされたものである（吉田2005a，2005b）。

　調査された墓標のうち，近世期の年代が明確な資料は202基で，造立年代を見ると，初現は寛文13年（1673）となっている。形態別でみると，「櫛形」が全体の約4割の造立数を占め，延宝年間から幕末まで連綿と造立されている。「角柱形」は，全体の造立数の3割で，17世紀後半の貞享年間から見られ，18世紀前半に造立のピークがある。石材との関係では，全体の6割が和泉砂岩，花崗岩が2～3割で，その他は凝灰岩や緑泥片岩となっている。形態別では「駒形」が花崗岩製が優勢である他は，和泉砂岩製が大勢を占めている。

　また，同市の教育委員会は，市内南西部の丘陵地に所在する神宮寺墓地（来迎寺共同墓地）において，3ヵ年計画で調査を行い，報告書を刊行している（八尾市2013）。八尾市を含む中河内地域には，「河内七墓」と呼ばれる行基伝承を持つ7ヵ所の墓地があり，神宮寺墓地はこのうちのひとつである。年代をみると，最古の有紀年銘は15世紀の前半，永享年間の一石五輪塔で，慶長以前の16世紀以前の資料が有紀年銘資料の1/4に当たる38基あり，この墓地の成立が相応に遡ることを裏付けている。形態変遷では，「駒形」→「櫛形」→「角柱形」という推移が明示されている。

(3) 泉州地域

　大阪府南部の和泉地域では，泉佐野市に所在する寺院境内の墓標を対象として調査が行われている（三好1986）。墓標の初見は寛永年間の一石五輪塔と「背光五輪塔」である。造立数の推移をみると，櫛型が出現する17世紀後半から増加し始め，徐々に普遍化している。なお，当該論考では，櫛型について，断面が台形を呈する形態と長方形を呈する形態を分けて論じており，台形→長方形という変遷が示されている。

図113　尖頭舟型墓標（大阪府阪南市）

　また，三好は後にこの調査の概要を再検討し，同じ和泉地域の阪南市に所在する墓標とも関連付けた論を発表している（坂詰1990）。ここでは，江戸時代初期の江戸周辺で顕著な尖頭舟形墓標が近隣の阪南市内おいて数例存在していることを提示したうえで（図113），同市内出身の石工が江戸時代に全国各地に出稼ぎに行っていることを示す史料の存在から，墓標の形態と石工の移動との関係性を提起している。

　さらに泉佐野市では，近世期の佐野町場の最大の共同墓地であった野出共同墓地において，石造物調査が行われ，概要報告がなされている（泉佐野市2003）。造立数に関しては，1620年代に初出して以降，元禄期頃から本格的に増加し，近世期では1831〜1840年の天保期にピークが見られる。このことについては，佐野においても例外ではなかったとされる全国的な飢饉－天保の飢饉によるものではないかとしている。石材については，近世期では地元の砂岩製が優勢で，明治期以降に花崗岩が急激に増加している。

　この他，阪南市で行われた調査がある。これは，和泉砂岩の石切場の麓にあった集落の墓地を対象としたものである（大阪府埋蔵文化財協会1988）。この集落は，「箱作村」の出村とされる小集落である。石切場の麓であることから，石工の村であった可能性が高い。

　墓標の造立数の変化からは，この村の盛衰が顕著に現れているとされる。具体的には，10年毎の造立数を見ると，18世紀中〜後期にピークがあり，以降は減少傾向にある。これは，正に和泉砂岩の生産と同調しているようである。墓標の形態のうちのひとつである「圭頭五輪板碑」は駒形を呈しているが，前述の山城南部〜大和の背光五輪塔に対応するもので，和泉の地方的特色とされている。

（4）摂津地域

　摂津地域では，秋池武により，大阪市北区の龍海寺，天徳寺，栗東寺において調査が行われ，概要報告がなされている（秋池2010）。

　また，豊中市では大阪府の指定史跡である「春日大社南郷目代今西氏屋敷」の総合調査で，同屋敷に付随する墓地の墓標調査が行われている（豊中市2008）。同墓地では紀年銘が確認された最古資料が天文5年（1536）の一石五輪塔で，17世紀初めの元和年間頃までの銘を有する一石五輪塔，五輪塔があり，

その後寛文 12 年（1672）に「駒形」が，貞享 3 年（1686）には「櫛形」が初出している。さらに，19 世紀前半には「角柱」が現れている。これらの形態変遷の状況は，上述の河内や和泉の状況とほぼ同じ様相である。一方，「舟形」が認められないとし，地域的な特色として報告されている。なお，元和年間から寛文年間までの半世紀の間の墓標が確認されていない（紀年銘があるが判読不可能な資料も多々ある）点については，留意すべきであると思われる。

4. 五畿内周縁部

(1) 近江

　滋賀県湖南市石部に所在する善隆寺において，境内墓地の墓標の悉皆調査が行われている（市川 2010）。

　墓標の造立数の変遷をみると，同寺が貞享元年（1684）に現在地に移転してきたとのことにより，18 世紀に入ってからコンスタントに造立が行われ，増加している。

　形態別の造立数は，「櫛形」が約半数を占め，次いで「丘状頭角柱」が約 2 割となっている。形態変遷をみると，初現期に「笠塔婆」が若干見られるが，18 世紀以降では「櫛形」が大勢を占めている。「丘状頭」等「角柱」が「櫛形」に代わって顕著になるのは明治以降である。この他，墓標に刻まれた戒名について，位号や 1 基当りの数と年代との関係について触れられている。位号と年代との関係（図 114）をみると，一般的な位号である「信士・信女」が 19 世紀前半を境に「禅定門・禅定女」に入れ替わっている。石材については，花崗岩が 78％，砂岩が 14％，不明 7％となっており，花崗岩が主体である。

　なお，調査報告がなされた後，調査を主宰した同大学の市川は別稿において，調査の概要を報告し（市川 2011），自身がこれまでに行った大阪狭山市における近世墓標調査と比較して，当該石部における墓標造立の特徴等についてまとめてる。これによると，墓標 1 基当たりの被葬者数について，大阪狭山市等の事例では 1 名から徐々に 2 名（夫婦），3 名と増え，「先祖代々」「○○家之墓」と記した墓標が普及する傾向にあるが，石部では近世初期から 2 名の資料があり，1 名の資料についても近世末まで見られるという特徴があるとしている。そして，この背景には，東海道の宿場のひとつである石部が都市的集落であり，

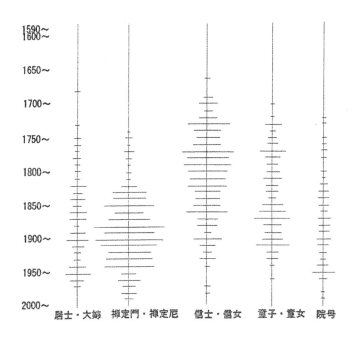

図114　滋賀県善隆寺所在墓標に見える位号の変遷（市川 2010 より）

　その集落のもつ住民の移動性の大きさや単婚家族の比率の高さ，家意識の希薄
さなどがあるとしている。

(2) 紀伊

　和歌山大学が近世期の和歌山における災害史の研究の一環として石造物調査
を行っている（海津 2013）。

　また，同じく和歌山県では，旧桃山町で東京学芸大学が行った調査報告があ
る（東京学芸大学 1991）。この調査では，造立数，形態と年代との関係，墓地
と造立年代等について，分析，考察がなされている。さらに，同大学は，一石
五輪塔に限定してはいるが，同町内の別の寺院墓地においても調査を実施して
いる（東京学芸大学 1993）。これらの調査は，荘園研究の一環として行われた
ものであるが，この紀ノ川流域では，早稲田大学や和歌山大学がそれぞれ紀の

川市の鞆淵荘やかつらぎ町の枠田荘をフィールドとして扱い，同様に石造物の調査についても行っている（海老澤 1999，北野 2004）。

　なお，県内の石造物調査や研究の現状については，北野隆亮によって簡潔且つ明解にまとめられている（北野 2004）。

（3）丹後

　研究史でも触れたように，丹後では郷土史家の永濱宇平が当該地域における墳墓の変遷をまとめた成果がある（永濱 1922）。この中で，永濱は近世期の非塔形墓標について，「位牌碑」と名付け，さらに「慶長型」，「寛文型」，「元禄型」，「宝暦型」，「文化型」，「明治型」と 6 形態の墓標を図示し，その変遷を提示した。

　近年では，丹後半島内陸部において，寺院墓地と当該寺院が所在する地区の共同墓地がセットで調査されている（京丹後市 2005）。この成果によると，当該地域における発生期の墓標は「自然石板碑」で，18 世紀初頭に櫛形にあたる「アーチ形」が，さらに 19 世紀前半に「方柱状」が出現している。また，位号は「禅定門・禅定尼・禅尼」→「信士・信女」→「居士・大姉」という変遷を辿るようである。

　一方，宮津市周辺においては，中世期の板碑や一石五輪塔に続くのは「三角形墓碑」で，丹後半島と同じように，18 世紀初頭から「アーチ型」が見られる。また，「自然石型」も一般的に見られるようである（中嶋 1989）。

　このように，丹後では「自然石」墓標の存在が特徴として挙げられよう。

⑦ 中国・四国地方の様相

1. 山陽地方

(1) 広島県

　山陽では，広島県三原市において行われた調査が近世墓標研究の発端となっている（三原市 1979）。同市の調査は，市内の旧城下に所在する数ヶ寺の寺院墓地において行われている。中世から近世へ変化が石造物にどのように現れてくるかを把握することに重点を置き，元禄末年（1704）までの紀年銘を有する初現期の墓標を対象としている。形態変遷をはじめ，年代と規模（高さ），墓標下部に刻まれている蓮弁の形状，頭書や位号等についての分析，考察が行われている。

　この調査では，「板碑Ⅰ」と称する舟型が 1610 年代に現れており，非塔形墓標の初現としては，全国的にも早いものと思われる。また，「板碑Ⅱ」と称する櫛型についても 1620 年代から造立が確認されていることは，全国的な傾向とはかなりの差があり，本地域の特徴と言えよう。使用されている石材については，正保 3 年（1646）銘の一石五輪塔のみが砂岩製で，以外はすべて花崗岩製とのことである。これも瀬戸内に面した同市域の特徴と言えよう。

(2) 山口県

　山口県では，清水慎也が寺院墓地の墓標調査を行い，その成果を発表している（清水慎也 2008）。このうち，最も造立数の多かった「位牌形」墓標について，時期によりその規模に特徴があることを見出し，その特徴について詳細な考察を行っている。

　具体的には，「位牌形」墓標の出現期にはその高さは 70cm 前後であったが，18 世紀初頭には 45〜70cm 程度のものの造立が始まり，同世紀前半にはこれらに加え 90cm を超える大型のものが見られるようになるとしている。以上のような傾向が見られたことについて，17 世紀では旧武士や村の有力者のみであった墓標の造立が，18 世紀になり幅広い階層にも造立が拡大し，18 世紀後半には

一般の農民層にも普及していったとまとめている。なお，同調査では，「方柱形」
墓標の初見が弘化3年（1846）とされており，近畿地方や関東地方に比して遅
れているように思われる。

(3) 岡山県

　倉敷市の中心部に所在する寺院墓地において悉皆調査が行われ，片岡弘至に
より形態変遷や使用石材についての考察がなされている（片岡弘至 1993）。
　形態分類では，「外形」と「正面に見られる彫り込みの形態」を分類し
（図 115），これらを組み合わせた形態の変遷をまとめている。その結果，「外形」
では全国的な傾向と同様に，櫛型→方柱型という変遷が，「彫り込み」では「二
段彫り」→「一段彫り」→「線刻」→「無彫刻」という「作業の簡略化」が見
られる結果となったとしている。使用石材では，花崗岩，豊島石，和泉砂岩が
見られるとし，総数に占める割合は，5：4：1 となっている。年代との関係では，
花崗岩が近世を通じて見られ，豊島石は 1700 年代から 1830 年代，和泉砂岩は
1700 年から 1800 年を中心に使用されている。この他，花崗岩製の資料は規模
が大きく，豊島石の資料は，「墓石の内側への反りが認められるものが大半を
占めている」，他の石材に比して 20％ほど小さいとの指摘をしている。

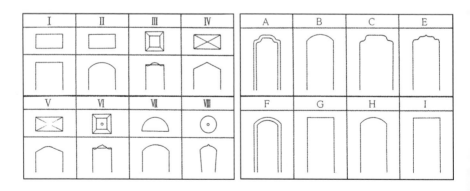

図 115　倉敷市所在墓標の形態分類（片岡 1993 より）

2. 山陰地方

(1) 島根県

① 石見銀山地区

　石見銀山では，世界遺産登録の関係で近世墓標の本格的な調査が多数実施され，多くの調査報告書がまとめられている。石見銀山における近世墓標の調査は，1986年度に「石見銀山総合整備策定事業」としてなされた銀山関係の資料調査や分布調査のなかで記録された一石五輪塔や無縫塔，宝篋印塔等の報告に端を発する（図116）（島根県1986）。そして，この分布調査で報告された，わ

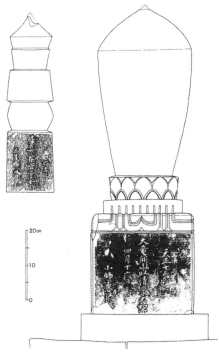

図116　石見銀山地区所在一石五輪塔，宝篋印塔実測図
　　左：徳善寺跡，右：大龍寺跡（島根県1986より）

図117　一石宝篋印塔
　　（島根県大田市）

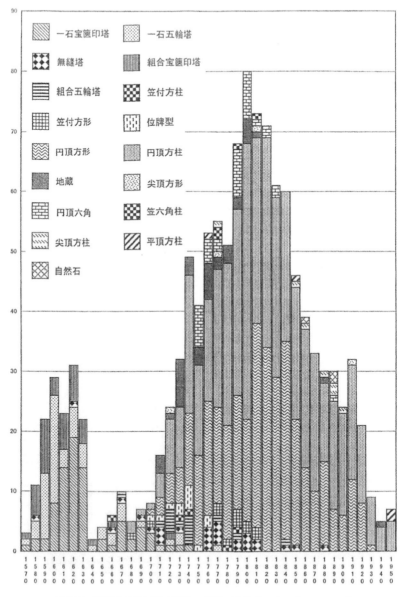

図 118　石見銀山地区所在墓標の変遷（島根県・大田市 2005 より）

ずか 10 基の資料が，この後の総合的かつ本格的な調査に発展することになる。

　この後，墓地や墓標の調査について，武士や鉱夫など銀山の操業に関わった様々な人々の存在や鉱山の盛衰を示す資料として重要であると位置付けられ，継続的に実施されている（島根県・大田市 2001〜2019）。石見銀山は 2007 年に世界遺産登録されたが，この背景には，こうした関係者の地道な努力により，幅広い観点から石見銀山を調査した成果の賜物であり，以降の墓標調査に光明を与えたものと言えよう。

　この調査では，非塔形墓標の形態については，頭の形状の差で，「円頂」「尖頂」

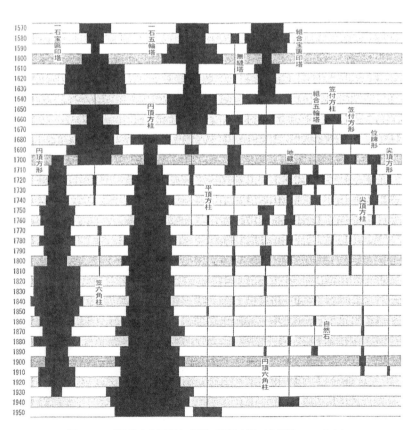

図 119　石見銀山地区所在墓標の形態変遷（島根県 2005 より）

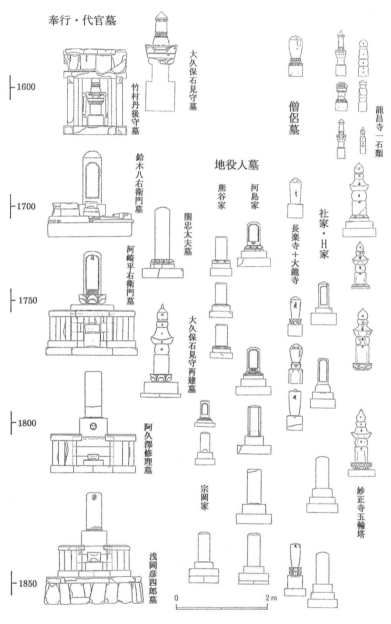

図120 石見銀山地区改造別墓石様相（島根県・大田市 2005 より）

「平頂」「笠付」に分け, 正面と側面の形状 (法量) の差で, 幅と厚さが同じなら「方柱」, 幅が厚さよりも大きい場合は「方形」とし, これらを組み合わせるなどして, 約20に分類している。墓標の形態について, この地域の特徴としては, 一石造りの宝篋印塔の存在があげられよう (図117)。これに関しては, 「組合せ式の宝篋印塔と各部の様相は共通しており, 普遍化していた一石五輪塔の影響下で創出された」と推察されている。

造立数の推移では, 最古銘は元亀3年 (1572) 銘の宝篋印塔で, 16世紀末から17世紀初めに第1のピークがあり, 17世紀半ばから後半に一度激減した後, 18世紀に入ってから増加に転じ, 18世紀末から19世紀初頭に造立数が最大となる第2のピークが見られる (図118)。17世紀初頭の第1のピークについては, 本地域の特徴であり, 銀山の盛期とも重なるものであろう。形態との関連を見ると, 上記の第1のピークでは, 塔形なかでも一石宝篋印塔が主体を占め, 18世紀の増加以降については, 「円頂方形」「円頂方柱」が主流となっている (図119)。畿内や江戸周辺と異なり, 本地域では, 塔形から直接方柱型に移行している感があり, この点に本地域の特殊性が見出せよう。この他, 「階層別の墓石の様相」として, 調査された墓地内において存在している奉行や代官, 地役人, 僧侶, 社家の墓標についても, その様相がまとめられ, 編年表が作成されている (図120)。

以上のように, この石見銀山地域での墓標調査は, 現時点において規模的には全国で最大級のものである。また, その計画性や継続性, さらには他の調査と連携した総合調査としての意義も非常に大きいものとなっている。繰り返しになるが, 近世墓標の調査も世界遺産登録への発端となったという点を強調しておきたい。

② 石見地域

津和野町では, 池上悟が津和野藩主亀井家の墓所の調査を行い, 同家の菩提寺である永明寺などの寺院墓地所在の墓標についてその様相をまとめている (池上悟2016)。

墓標の変遷について, 津和野独自の形態である「頂部三突起方形墓標」が近世前半に主体を占めること, 「笠付方柱墓標」が近世後半に主体的に造立されていること (図121, 図122) が全国的な様相と異なっているだけでなく, 石見銀山

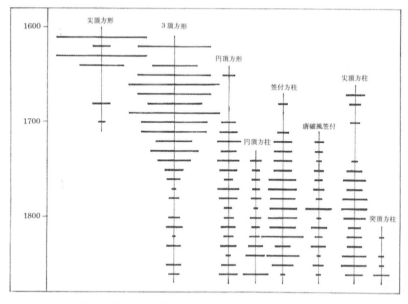

図121 津和野町所在墓標の形態変遷（池上悟 2016 より）

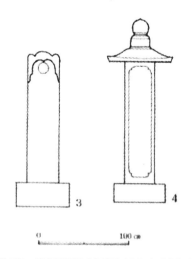

図122 津和野町所在「頂部三突起方形墓標」，
「笠付方形墓標」実測図（池上悟 2016 より）

や隣接の益田地域の様相とも異にしているとしている。この理由として，当地が石見国の西南の奥地であり，領主が近世初期の元和期から幕末まで変わらなかったことの閉鎖性によるものではないかとまとめている。

③ 出雲地域

石見銀山が所在する大田市の東に隣接する旧多伎町においても，近世墓標調査が行われ，その成果が報告されている（多伎町 2004）。同町の奥田儀宮本地区は，近世前期から近代までたたら製鉄事業で栄え，製鉄

関連の遺跡が点在していることで知られている。同町では，この製鉄業の歴史的，文化的価値を明らかにし，後世に伝えていくことを目的に，総合的な調査を実施した。この調査の一環で，同地区において製鉄業を営んでいた櫻井家及びその従事者の共同墓地が 2 ヵ所あり，それぞれ 27 基，170 基の墓標が調査されている。

櫻井家の墓地では，嘉永年間に追善供養として造立された。創業者の五輪塔（延宝 7 年銘）が墓地の中央に所在している。これ以外の歴代当主の墓標の形態は，すべて「笠付角塔」で，時代が下るに連れて，塔身の厚さが増し，幅と厚さの比率が同じに変化している（図 123）。また，墓標の大きさについて，形態の変化が見られることについて，文献資料等から明らかにされている櫻井家の隆盛と一致しているとしている。

一方，従事者の共同墓地における墓標については，「小規模な角塔」のみから構成されており，時代が下がっても大型化は見られず，「階層や経済力を反映させる志向は希薄で」であるとしている。また，文献史料に記された亡くなった従事者数と墓標やその被葬者数は相応の差があるという事実も明らかにされている。

この他，出雲地方では近世中期以前の有力者層の墓標として建立されている石龕（図 124）についての研究がなされている（樋口 2005，西尾・稲田・樋口 2005）。これらの石龕は同地域で産出される来待石製で，内部には五輪塔や宝篋印塔が納められている。その分布は宍道湖南岸を中心に伯耆西部に及んでいる（図 125）。これらの研究については有力者層という限定ではあるが，出雲地方における塔形墓標から非塔形墓標への移行時期が示された興味深い取り組みと言えよう。

図124　来待石製石龕（島根県出雲市）

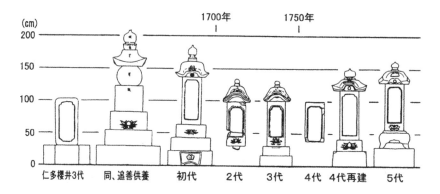

図123-1　多伎町櫻井家墓地当主墓規模比較図（多伎町 2004 より）

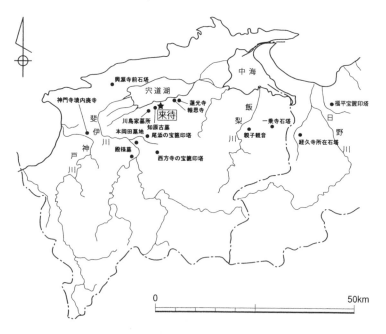

図125　来待石製石龕分布図（樋口 2005 より）

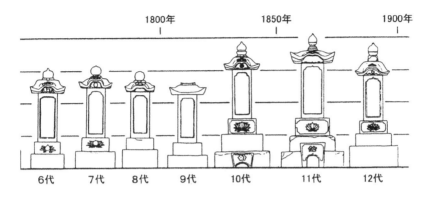

図 123-2 多伎町櫻井家墓地当主墓規模比較図（多伎町 2004 より）

(2) 鳥取県

　前述の石見銀山地域における石造物，墓標調査を中心となって行っている池上悟が，旧赤碕町に所在所在する共同墓地や鳥取市の旧城下町の寺院墓地おいて独自で調査を行い，その概要を報告している（池上悟 2003a）。

　まず，旧赤碕町の調査では，約 3,000 基の墓標のうち，自然石墓標が圧倒的な数を占めることを確認した。この様相について，「城下町以外での共通した傾向」であるとし，同町周辺の郊外地域では自然石墓標（図 126）がその主流を占めていたとしている。また，年代が不明ながら，一石五輪塔や舟型光背五輪塔が確認されており，関西方面との関係性が想定されるとしている。

　次いで，城下町である鳥取市では，鳥取藩士の墓等が建立されている大隣寺に所在する，約 400 基の墓標の調査を行っている。形態について，「尖頂方形」と元禄期の「櫛型」が墓地形成の端緒となった形態であり，「円頂方形」についても既に 17 世紀後半の延宝期に出現し，幕末まで継続して造立されると報告している。「尖頂方形」についても，18 世紀初頭から確認され，19 世紀前半の天保期には主流形態となっているとのことである。自然石の墓標については，前述の旧赤碕町とは異なり，数的には約 1 割程度であったとしている。また石材について，自然石以外の形態の墓標は，旧赤碕町同様に花崗岩から安山岩に移行する傾向にあるとのことである（図 126）。

図 126　自然石墓標
（鳥取県琴浦町）

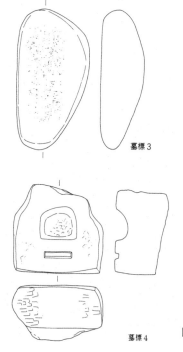

墓標 3

墓標 4

この他，県西部の大山町の門前上屋
敷遺跡では，石垣に転用された墓標が
発掘調査により出土している（鳥取県
2007a）。出土した墓標はいずれも不整
形の自然石墓標で，その墓標を立てる
ために中央部が穿たれた台石も出土
している（図 127）。この遺跡からも，
自然石墓標以外の出土がないことか
ら，池上の指摘とおり旧赤碕町と同じ
く，「城下町以外」様相を呈している
と思われる。

図 127　大山町門前上屋敷遺跡出土
自然石墓標（鳥取県 2007a より）

3. 四国地方

(1) 高知県

　四国において，最初に考古学的観点から近世墓標について論及をしたのは，高知県の十和村を対象とした岡本桂典の論であろう（岡本 1986）。岡本は，同村の主要な墓地に所在する墓標を悉皆調査し，村の90％に当たる504基の墓標を資料化した。

　形態の変遷をみると，同村では，17世紀半ばに非塔形墓標が出現し，尖頭駒型→櫛型→方柱型という全国的な流れと同じ様相を呈していることが示されている。この他，頭書について，俗名の刻銘が一般化・主体化すると頭書も減少するとしている。また，出現期の墓標の下部に刻まれた蓮華についても言及している。この蓮華は花瓶と同じ意味を持つとし，この蓮華の消滅が線香立を設けた台石を伴う櫛形墓標の出現と関連していることを指摘している。この台石を含めた考察については，坪井が形態分類で行っているものの，後年の墓地整理，移動等により，戒名等が刻まれた墓標本体と台石が分離している例が多いことから，大多数の調査では墓標本体のみを対象としている。こうした状況のもとで，この考察は台石を対象としている点で大きな意義があると言えよう。

　この他，高知市の小高坂山墓地では，移転に伴う発掘調査が行われ，墓標についても約300基が資料化されている（高知市 2004）。

(2) 愛媛県

　愛媛県では，瀬戸内海に浮かぶ二神島において，民俗学を中心とした総合的な調査が行われている（田代 他 2002）。調査が行われたのは，中世領主であった二神家の墓地で，当時から現代までその景観が残されている。同家の墓地は島の狭隘な平地の背後にある丘陵地に，段々に5つの平坦地を造り出して存在している。報告では，形態と立地（所在する平坦地-「段」）との関係，地元に残る史料との整合等から被葬者の当主との関係等について，考察が行われている。

　墓標の形態は，「石廟形式」「板碑型」「圭頭碑」「唐破風屋根付石碑」「円頂碑」「角柱碑」等に分類されている。形態と立地との関係を見ると（図128），「石廟形式」

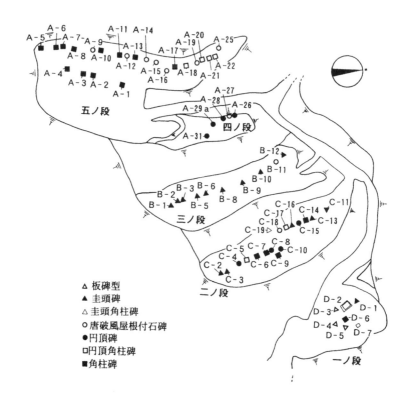

図 128 愛媛県二神家墓地墓標配置図（田代ほか 2002 より）

　の墓標は最も低い平坦地「一ノ段」に位置し，法名から二神家の近世初期の墓標であることが明らかにされている。さらに，「板碑型」は「一ノ段」のみに，「三ノ段」の多数が「圭頭碑」であり，「唐破風屋根付石碑」「円頂碑」「円頂角柱碑」「角柱碑」は「四ノ段」，「五ノ段」で顕著であるとしている。これらの墓標形態と立地との関係は，後年の墓地整理や移動がなされていない状況であるため考察できる事項であり，前述の高知県十和村の台石と墓標本体（竿石）とを含めた考察と同様，近世当時の景観を残している墓地における調査の重要性を説いていよう。

(3) 香川県

　香川県では，松田朝由によって積極的に研究がなされている。

　県東部の現在のさぬき市内の墓地の墓標を調査し，その形態変遷や銘文の表記等から造立者の墓に対する観念や意識の変化について考察を行っている（松田 2001a）。

　この結果，形態変遷には 1860 年代と 1920 年代の 2 つの画期が認められるとしている。このうち，前者については，尖頭駒型や櫛型に代わって尖頭の角柱型が主流になることをもって画期と位置付けている。そして，それまで戒名と没年月日だけであった墓標の銘文が，正にこの時期に俗名が刻銘されるようになっていることを確認し，側面に銘文を多く刻むことのできる角柱形の普及と俗名記載が大きく関連していることを指摘した（図 129）。さらに墓標の中心をなす竿石の規模にも注目し，この画期に合わせて規模が大きくなっている事実も明らかにしている。こうした角柱形墓標と俗名記載の一般化は，墓標に自己の存在を残そうとする観念の増加で，この増加によって立派な墓標を造立しようとする意識が墓標規模の大型化をもたらしたと結論付けている。

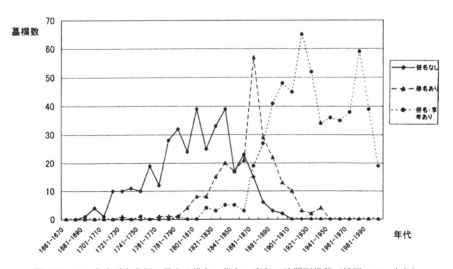

図 129　さぬき市所在墓標に見える没年，俗名，享年の時期別推移（松田 2001a より）

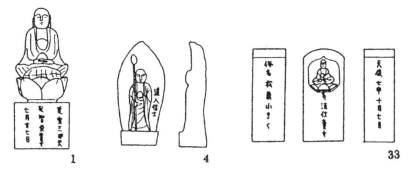

図130 さぬき市所在の仏像を有する墓標（松田 2001a より）

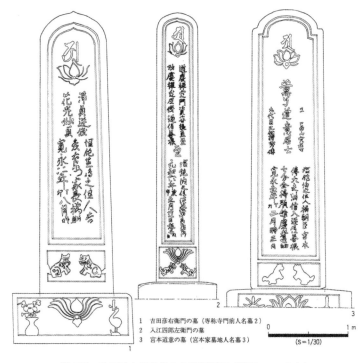

1 吉田彦右衛門の墓（専称寺門前人名墓2）
2 入江四郎左衛門の墓
3 宮本道意の墓（宮本家墓地人名墓3）

0 1 m
(S＝1/30)

図131 香川県本島所在人名墓実測図（松田 2002 より）

　また，仏像を有する形態を3分類し（図130），このうち舟形で地蔵が浮彫りにされた形態について，地蔵像の下部分における刻銘の有無や内容等の変化についても考察を行っている。これによると，地蔵像の下部には「蓮弁→空白→俗名→俗名と享年」を刻むという変遷がある。この俗名が刻銘される段階が前述の第1の画期である1860年代と一致していることから，形態は異なっても，墓標に対する観念については大人も子どもの墓も同様に展開したと指摘している。

　さらに松田は，2002年，同県の塩飽諸島に見られる特有の供養塔−人名墓<ruby>塩飽<rt>しわく</rt></ruby><ruby>人名<rt>にんみょう</rt></ruby>（図131）について紹介し，この人名墓と近世墓標の出現や普及との関連性について言及している（松田2002）。人名とは塩飽島民のうちの上流階層の墓である。塩飽諸島の中心である<ruby>本島<rt>ほんじま</rt></ruby>において，この人名墓の悉皆調査を実施し，刻まれた蓮華座や図像等の変化について，中世の板碑資料との比較等から分析や考察を行った（図132）。

　次いで松田は上記の論考を受けて，香川県における近世墓標について，中世期の石塔以降4つの画期を経て出現，普及したことを具体的な資料を提示してまとめている（松田2003）。具体的には，14世紀から15世紀にかけての時期に五輪塔が小型化することをもって第1の画期，17世紀初頭前後に五輪塔が大型化して形態も変化することを第2の画期，近世墓標が出現する17世紀中頃を第3の画期，1710年代の櫛型の出現を第4の画期としている。

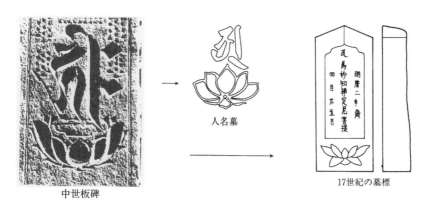

中世板碑　　　　　　　人名墓　　　　　　17世紀の墓標

図132　香川県本島所在人名墓に見える蓮華座の表現（松田2002より）

このうち，第3の画期である近世墓標の出現については，人名墓が中世から近世過渡期の特徴を備えた供養塔であり，近世墓標出現前夜の資料であると位置付け，この頭部形態の変化によって「頭部三角形」の近世墓標（図133）が成立するとしている。同時に使用石材が凝灰岩（豊島石）から花崗岩に移行し，この移行をもって香川独自の在地的な墓塔が終焉するとしている。さらに，第4の画期については，「頭部櫛形」墓標（図134）の出現により一般庶民による墓標の造立が普及し，これを「先祖供養を目的とする墓の完成」と位置付けた。

以上のように，松田は近世墓標の成立や普及，さらにはその背景にある歴史事象について，その形態や使用石材といった様々な要素を絡め，端的簡潔明瞭にまとめており，四国における近世墓標研究には重要な論文となっている。

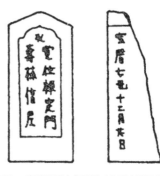

図133 香川県所在「頭部三角形」墓標実測図
（松田 2003 より）

図134 香川県所在「頭部櫛形」墓標実測図
（松田 2003 より）

⑧ 九州地方の様相

1. 福岡県

(1) 福岡地域

　筑前秋月（現・朝倉市）では，時津裕子により調査，研究がなされている（時津 1998, 1999, 2000）。時津は，「無縫塔」の他，非塔形では「板碑形」「櫛形」「尖頭角柱」「自然石」等，10 に分けさらに，部分的な変化 –「形式学的変化」を把握し，紀年銘と合わせることで，詳細な変遷について考察を行い，最終的に図 135 に示すような編年表を作り上げている。また，藩主黒田家をはじめ，藩の重臣，一般家臣，さらには町の豪商の墓地及び墓標を文献史料と対比して検討を行うことで，墓地や墓標に現れている階層性について考察した。この結果，墓地の空間や墓標の形態，規模には，一定の階層性が認められるものの，単純ではなく，上下関係が不明確になるケースもあるとし，当時の複雑な社会のあり方が示されているとまとめている。

　なお，時津はこうした自身の研究を踏まえ，近世墓標研究の現状について，坪井良平に始まる既往の研究，座標軸を用いた 4 つの領域にまとめて整理し（図 136），近世墓標の研究を含む歴史考古学も考古学の一般的手法を省略すべきでないと指摘している（時津 2002）。

　同じ現在の朝倉市では，郊外の黒川黒松で行われた砂防ダム建設工事に伴う調査がある（甘木市 2005）。確認された墓標の石材は，地元産の安山岩や片岩で，自然石を整形加工しないで使用されている（図 137）。当該地は秋月城下から十数キロの場所である。城下では本州の状況と同様に近世前半から加工された様々な形態の墓標が存在しているが，当該地では加工されていない墓標のみであるという差異があることに留意したい。

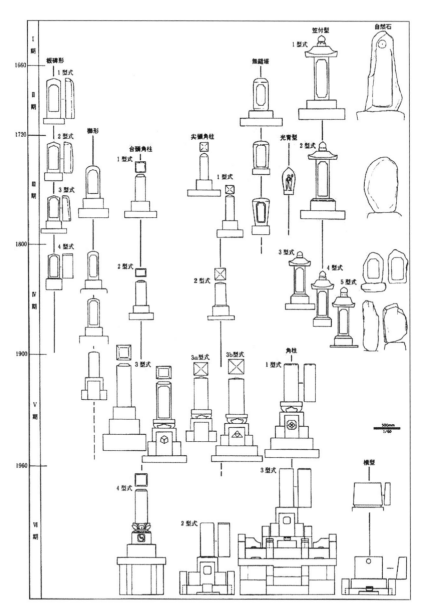

図135 筑前秋月所在墓標編年表（時津 1998 より）

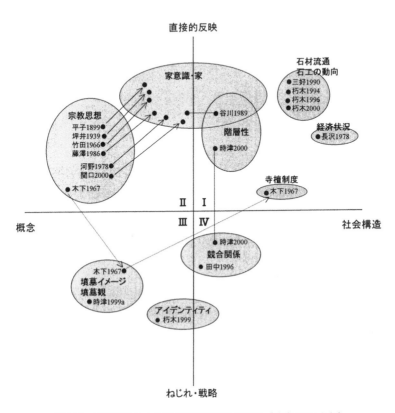

図136 時津裕子による近世墓標研究の相関図（時津 1998 より）

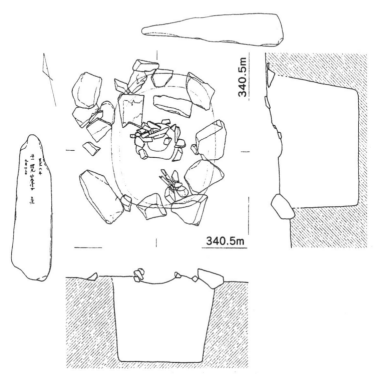

図137 朝倉市黒川黒松近世墓実測図（甘木市 2005 より）

(2) 北九州地域

　北九州市小倉北区の京町遺跡内の永照寺境内で行われた発掘調査（北九州市 1994a，1994b）では，出土した墓標をはじめ，道路を隔てて所在する墓地（「現存墓地」）の墓標について，造立数の変化や形態の変遷，戒名の分析がなされている。紀年銘を有する最古の資料は，寛文3年（1663）であることから，全国的な傾向と一致している。造立数の変遷は，境内で出土した墓標と現存墓地の墓標を比較して検討がなされている（図138）。この結果，墓標の造立が寺院境内から隣接地へ移行している状況について，境内における「墓地面積の狭さ」とともに，19世紀初めの文化年間に同寺が「御坊」として位置付けられたとい

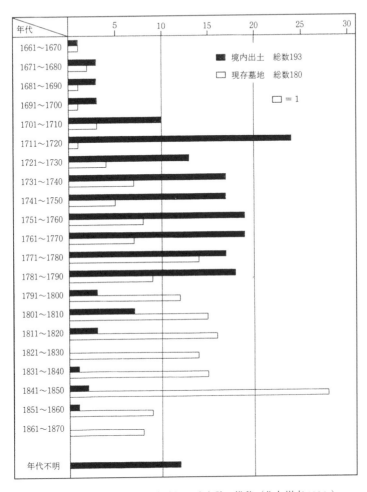

図138 北九州市永照寺所在墓標の造立数の推移（北九州市 1994a）

う寺勢の背景があると指摘されている。形態変遷で特徴的な点として，頭部が角錐を呈する方柱型に17世紀末の紀年銘を有する事例があり，位牌型よりも先行していることが挙げられている。なお，本堂の建立時期について，文献史料からだけでなく，基壇整地層や礎石掘方から出土した紀年銘のある墓標の年代を以て考察がなされていること（図139）は，興味深い点と言えよう。

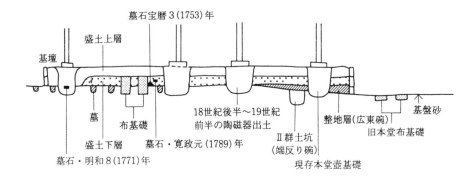

墓石宝暦3(1753)年

盛土上層

基壇

墓

布基礎

盛土下層

墓石・明和8(1771)年

18世紀後半〜19世紀
前半の陶磁器出土

墓石・寛政元(1789)年

Ⅱ群土坑
(端反り碗)

現存本堂壺基礎

整地層(広東碗)

旧本堂布基礎

基盤砂

図139　北九州市永照寺遺構重複関係図（北九州市 1994a. 1994b）

(3) 筑豊地域

　大分県との境にある英彦山は，羽黒，大峰と並んで修験道場として著名である。この英彦山麓において，開発に伴う事前調査で約50基からなる山伏の墓地が確認され，調査が行われている（添田町 1996）。確認された墓は方形若しくは不整形の石組で，このうち10基に紀年銘を有する「自然石型」の墓標が伴っている。さらにこのうちの2基について，埋葬施設の発掘調査が行われ，その構造が明らかにされている（図140）。墓標の石材は安山岩で，正面のみが調整された不定形の板状を呈している。

　この調査に関連して，近くにある玉屋集落の墓地の形成過程や墓の形状の変化についての概要報告もなされている。同墓地は15世紀以降に300基近い墓が営まれている。墓標を含めた各墓の形状変化については，大きく5段階に分けられるとし，以下のようにまとめられている（図141）。まず，第1段階は天正年間以降（16世紀末〜）とし，その形状は集積墓でその中心に墓標として「先端の尖った石」を立てる。第2段階は元禄年間以降（17世紀末〜）で，墓標が大型化して厚みのある自然石が使用され，坊の名前が刻銘され始める。第3段階は宝暦年間以降（18世紀後半〜）で，墓標は「自然石型」。第4段階は文化・文政年間以降（19世紀初頭〜）で，墓標は「自然石型」が主流であるが大型化が進み，山伏の妻である女性の墓には「方柱型」が採用される。第5段階は幕

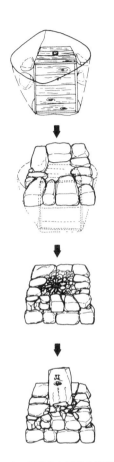

図140 英彦山大河辺山伏墓地
における墓の築造過程
（添田町 1996 より）

末～明治初期で，墓標は「埋葬された修験者自身の姿を彫り出した」形状の「僧型」や「方柱型」，「自然石型」など，その形態が多様化する。また，時代が下がって，多様化が見られるようになっても，修験者は「自然石にこだわり使い続けている」と集約されている。

なお，この調査を行った岩本教之は，一般的に女人禁制であった修験道に反して，この英彦山では，上述したように女性の墓が存在していることなど，英彦山の修験社会についての特徴をはじめ，遺跡としての意義付けを別稿にまとめている（岩本 1998）。

この他，鞍手町では，山陽新幹線建設工事に伴って発掘調査が行われた小山田墓地，下松尾墓地において，墓標調査が行われている（福岡県 1976）。

（4）筑後地域

小郡市では，農民一揆の首謀者として処刑された総庄屋高松家の墓地が九州自動車道の建設に伴って発掘調査され，墓標についての報告もなされている（福岡県 1990）。墓標は宝暦一揆以前に建立されており，被葬者は，処刑された高松八右衛門の父母や祖父母をはじめとする一族の人物である。処刑された八右衛門の墓標は当然存在せず，罪人一族の墓であるとして，戒名が刻まれた面を下に向けて倒されていたとのことである。墓標は，「自然石形」や「丸石塔形」，「角石塔形」等の形態があり，石材は「自然石形」が花崗岩，その他の形態は凝灰岩製となっている。この他，一部の資料の銘文に朱や金が施されていたとの報告や没年が近接している資料に銘文の彫り方に共通性が見られるものがあるとの報告がなされている点は留意すべきであろう。

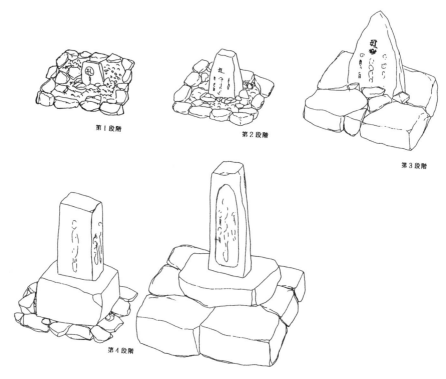

第1段階　第2段階　第3段階　第4段階

図141　英彦山玉屋谷墓地における墓の変遷（添田町 1996 より）

　英彦山と同じく山岳霊場として知られる宝満山においては，廃仏毀釈時まで
山内に存在していた「宝満二十五坊」の所在地確認，その坊の名称比定を行う
ことを目的として，岡寺良が墓標調査を行っている（岡寺2011）。その調査は，
墓標に刻まれた銘文の解読を趣旨としたものだが，墓標の形態や年代的な特徴
にも触れている。18世紀前半の享保年間頃に画期があり，この時期には，櫛形
が一般化すると共に，銘に刻まれた称号が「大和尚」「阿闍梨」「律師」から「大
僧都」「大先達」「権宮司」に変わり，仏教だけでなく，修験道や神道の称号が
混在するようになってくるとしている。さらに，この時期を境にして女性の戒
名が出現しているとしている。

　このように，本論は坊の所在復元を目的としながらも，山岳宗教における墓
標の変遷を簡潔明瞭に述べている点で評価されよう。

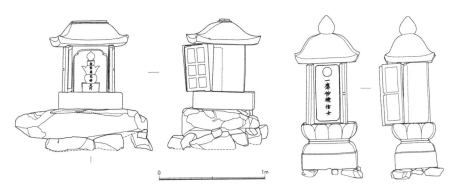

図142 佐賀市宗源院墓地所在「石祠」墓標実測図（佐賀県 2011 より）

2. 佐賀県

　佐賀県では佐賀市の東畑瀬遺跡内に所在する宗源院墓地がダム建設により移転することになり，発掘調査と墓標の調査が実施され，その調査報告が出されている（佐賀県 2001）。同寺院は戦国期に当該地域を掌握した神代勝利の菩提寺で，以降の神代家当主や一族，同寺院歴代の墓が建立されている。調査された数は，上部施設である墓標や自然石の配石が 60 基，下部施設が 40 基である。なお，これら上部と下部が一致する墓は，このうちの 17 基である。

　神代家の墓標の形態には，宝篋印塔をはじめ，五輪塔や無縫塔，石祠や「丸石塔（位牌形）」，「有蓋類型板碑」等の非塔形墓標があり，寺院の歴代の墓標には，無縫塔や自然石が採用されている。このうち，石祠は神代家当主とその妻の墓標のみに採用されており，当該墓地において，特別な意味を持っていた形態であるとされている（図 142）。

3. 大分県

　大分県は，九州の中でも最も近世墓標の調査や研究がなされている。これは，1980 年代に国東半島における荘園調査が行われ，その一環で墓地やそこに所在する墓標の調査がなされたことに始まる。また，九州自動車道をはじめとする大規模な土木工事に伴う発掘調査において近世墓も対象とされ，その上部施設である墓標についても記録保存がなされたことによる。なかでも，後述するよ

うに，大分市に所在する女狐近世墓地では，139 基の近世墓地の発掘調査とその
墓標が調査され，様々な観点から考察が加えられた報告書が上梓されている（大
分県教育委員会 1987, 1996）。そして，県内における近世墓標の調査や研究につ
いては，2002 年に田中祐介が「大分県における近世墓地研究の軌跡と論点－最
近二十年間の考古学的研究を中心に－」を発表し，それまでの状況を簡潔かつ
明瞭にまとめている（田中祐介 2002）。そこで，ここでそれらの内容を述べるこ
とは，屋上屋を架すこととなるため，国東半島における荘園調査や大分市の女
狐近世墓地など，田中もポイントとして位置付けている調査，研究を中心に触
れてみる。

(1) 国東地域

① 田染荘

　上述したように，同県において，近世墓標の調査の端緒となったのは，この
調査では，同地域における集落や耕作地の現況，灌漑の体制，墓地と墓標及び
信仰の状況等について，調査が行われている（大分県立宇佐風土記の丘歴史民
俗資料館 1983）。

　この報告の冒頭，報告者の渡辺文雄はこの調査の目的について，「墓石の単
なる形態分類」にとどまるべきでなく，当該の墓地とその主体である村落との
関係を明確にすることであると説いている。田染荘における近世墓標の状況
について概観してみたい。まず，形態については，大きく 5 分類されている
（図 143）。これらの形態変遷をみると，「板碑型」→「位牌型」→「冑型」とい
う変遷が見て取れ，江戸周辺や畿内等の状況と差異がない（図 144）。また，こ
れらの形態の初見時期についても，「板碑型」が 17 世紀初頭，「位牌型」が 18
世紀前半，「冑型」が 19 世紀前半であり，大きな差異は見られない。この「板
碑型」の造立数が急速に増加する 17 世紀末から 18 世紀初頭に，当該地域の入
会墓地が成立するようになっている。この他，戒名については，「禅定門」「禅
定尼」が中世から見られ，「位牌型」の普及とともに「信士」「信女」「居士」「大
姉」が主流を占めるようになるとされている。さらに，18 世紀初頭になると
俗名の刻銘が普及し，これが上述のように墓標の増加する時期や墓地の成立時
期と合っていると報告されている。なお，「位牌型 B」と「冑型」については，
当該地域では現在でも一般的に普及しているとしている点は，全国的な状況と

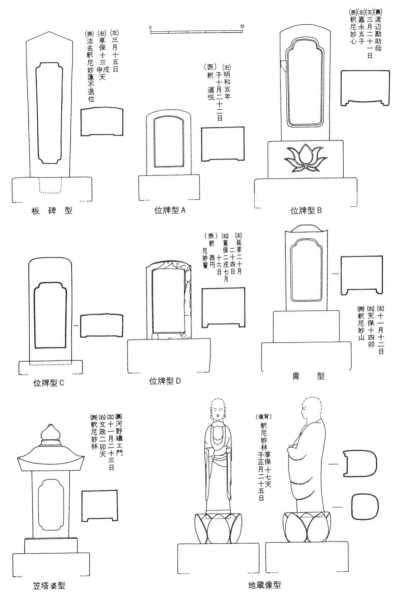

板碑型

位牌型A

位牌型B

位牌型C

位牌型D

冑型

笠塔婆型

地蔵像型

図143 豊後高田市田染荘所在墓標の形態分類
(大分県立宇佐風土記の丘歴史民俗資料館 1983 より)

年代区分 碑型	~1700	1701~1750	1751~1800	1801~1850	1851~1868	明治以後	年記なし	計
板 碑 型	1	3	—	—	—	—	—	4
位 牌 型 A	—	1	4	—	—	—	—	5
〃 B	—	—	9	18	7	21	2	57
〃 C	—	1	1	1	—	—	—	3
〃 D	—	1	—	—	—	—	—	1
宵 型	—	—	—	1	1	14	—	16
笠 塔 婆 型	—	—	—	1	—	7	—	8
地 蔵 像 型	—	2	—	—	—	—	1	3
計	1	8	14	21	8	42	3	97

図 144　豊後高田市田染荘所在「板碑型」墓標
（大分県立宇佐風土記の丘歴史民俗資料館 1983 より）

大きな差異が見られる。そして，地元の石工がこれらの形態について，それぞれ「平塔」，「角塔」と呼称しているとの報告は，墓標の研究者が付けた名称とは異なり，近世にこれらの墓標形態が発生した状況を考えるうえで，非常に興味深いものがある。併せて，「近年の累代墓の建立は，ようやく近世以来の墓地景観に変化をきたしつつある」との記述があることは，当該地域における墓標の「家族墓化」について，さらなる検討が必要であるものと思われる。

　この田染荘については，渡辺の概要報告から 3 年後に本報告が刊行され，近世の墓地と墓標については山田拓伸によりまとめられている（大分県立宇佐風土記の丘歴史民俗資料館 1986, 1987）。この報告は，「墓地の発達」を主眼に置き，墓地の成立やその変遷状況が詳細に考察されている。熊野墓地では，墓地の中心に国東塔（応安 8 年－ 1375 －銘）があり，その周囲に五輪塔が置かれ，さらにその中心部から 1 段下がった平坦地に近世墓標が造立されている（図 145）。年代別，形態別，苗字別に墓標の配置図を作成することで，墓地の形成過程や家と墓地内の位置との関係などについて詳細な分析考察が行われている。この結果，墓標の造立は墓地の手前から奥に拡がり，その後墓標と墓標の間の空間を利用，そして新たな平坦地を造成して墓地を拡大しているとまとめられている。なお，「地蔵浮彫型」は元禄期のみに集中し，それ以降は 1 基のみの存在であることには当該墓地の特徴として留意しておきたい。この他，俗名は近世初期の段階でも 7 割の墓標に刻まれているとされているが，この点は畿内や関東周辺の状況とは異なった様相を呈している。

図145　国東塔（豊後高田市熊野墓地）

② 香々地荘

　同じ国東半島にある香々地荘においては詳細な分布調査が実施されているほか，地域内の墓地に所在する真宗門徒墓標の調査がなされている。

　このうち，香々地荘の調査では，荘内における墓制の状況把握をする一環で共同墓地等に所在する墓標の悉皆調査も行われ，原田昭一により報告されている（大分県立歴史博物館1999）。形態変遷では，墓標に含まれる形態以外の「要素」－例えば墓標正面下部に刻まれている蓮弁など－について，異なる形態であっても共通して見られることに着目し，その変化の過程を追究している（図146）。この結果，蓮弁が「板碑型」だけでなく，「笠塔婆型」や「位牌型」にも受け継がれ，装飾的に簡略化していくこと，さらに「位牌型」の初期の資料には，「板碑型」に共通した花燈形が見られることなどを指摘している。そして，こうした状況を以て，「板碑型」と「位牌型」の系譜は別にあるのでなく，「漸移期に板碑型・位牌型相互で影響し合い，徐々に板碑型から位牌型に移行していく」とまとめている。

　一方，真宗門徒についての調査は，櫻井成昭によりなされたものである（櫻井2004a）。櫻井は，浄土真宗の墓標として，方柱型が採用されていることに着目した。同地域内の墓地では，この頭部がドーム状若しくは角錐状を呈する方柱型が1650年代に出現している（図147）。方柱形墓標が一般的には櫛型の普

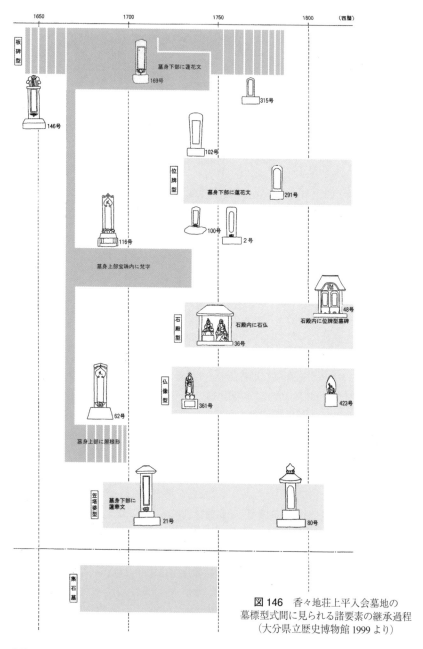

図146 香々地荘上平入会墓地の
墓標型式間に見られる諸要素の継承過程
（大分県立歴史博物館 1999 より）

図 147　頭部角錐状方柱形墓標（豊後高田市）

及後の 18 世紀以降に出現していることを踏まえ，少なくともこの地域では浄
土真宗という宗派のなかで普及した形式で，同宗派特有の形式であるとしてい
る。そして，「近世墓標を検討する上で宗派という要素も考慮すべき」と指摘
している。なお，この墓地においても，18 世紀半ばには櫛型が出現し，以降は
主流形態となっている。さらに，「甲冑型」も 18 世紀後半以降に採用されており，
近世後半以降の墓標の形態変遷については，同県や全国の一般的な傾向と同調
しており，特定の宗派との関連性が薄くなることにも留意しておきたい。つま
り，この真宗系の宗永墓地では，初期形態として「背の低い」方柱型が採用さ
れているものの，墓標の普及形態とされる櫛型の出現以降は，この櫛型を採用
している。

　以上のように，この墓地においても，18 世紀前半頃の「位牌型」墓標の採用
と墓標の急速な普及という全国で見られるような画期があったと言えよう。

(2)　中部地域

　大分県では近世墓地の発掘調査とともに，上部施設である墓標の調査もセッ
トでなされている事例が多くあるが，その中でも特筆されるのが，大分市の女
狐近世墓の調査である（大分県教育委員会 1987，1996）。この調査は，田中裕
介が担当し，調査報告もまとめている。

　女狐近世墓地は，1720 年代に 4 家族の共同墓地として開かれ，20 世紀初頭

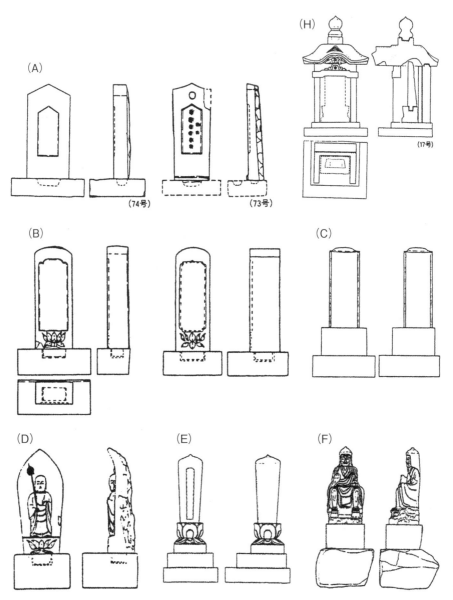

（A）板碑形式　（B）位牌形式　（C）方柱形式　（D）仏像形式
（E）無縫塔形式　（F）神像形式　（H）石殿形式

図148　大分市女狐近世墓地所在墓標形態分類（大分県教育委員会 1996 より）

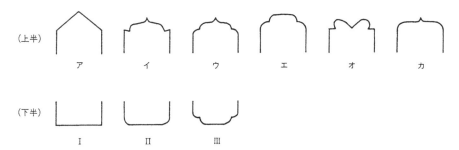

（上半）　　ア　　イ　　ウ　　エ　　オ　　カ

（下半）　　Ｉ　　Ⅱ　　Ⅲ

図149　大分市女狐近世墓地所在墓標に見える花燈形の形態分類（大分県教育委員会1996より）

時点では5家族によって営まれていた。墓標の形態変遷等について見てみたい。
田中は資料化されたて墓標102基について、「大別8型式・細別41型式」に分
類している。「大別型式」は、「板碑形式（A）」「石殿形式（H）」「石殿用位牌
形式（B'）」「位牌形式（B）」「方柱形式（C）」「仏像形式（D）」「無縫塔形
式（E）」「神像形式（F）」（図148）と呼称している。これらの墓標は、「板碑
形式」→「位牌形式」→「方柱形式」という変遷を示している。その出現時期
や造立期間については、「板碑形式」は17世紀後半～18世紀前半、「位牌形式」
は18世紀中頃以降であることから、全国的な傾向と一致するが、「方柱形式」
については1830年代に出現しており、若干畿内等に比して遅れているように
思える。また、後2者は併用されて、徐々に変遷している一方、前2者は1740
年代に一気に交替している。この他、「花燈形」の変化は、同形の上部は図149
に示す「ア」から「エ」に、下部は「Ｉ」から「Ⅱ」に変化するとのことである。
そして、41分類した墓標形態の変遷とその関係を図にまとめている（図150）。
　この形態変遷で、「方柱形式」の出現に画期を見出している。この形式の出
現までは、「石殿形式」が各家の当主の夫婦墓として採用されていたが、この
時期を境に「方柱形式」に転換している。また、幼児の墓標であった「仏像形式」
についても「櫛型形式」に代わっていると指摘している。そして、「石殿方式」
の唐破風や「仏像形式」の地蔵像には、詳細な観察から豊かな色彩の彩色が施
されていたこと、「方柱形式」では墨以外の彩色が見られないことを明らかにし、
「近世社会から近代社会へと変化する時代に生きた人々感性の変化の一端が表
現されている」とまとめている。

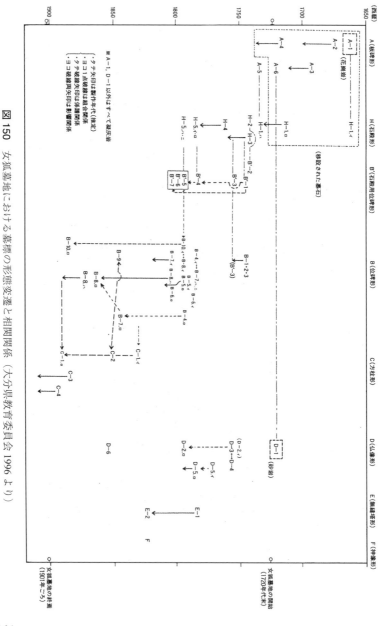

図150　女狐墓地における墓標の形態変遷と相関関係（大分県教育委員会 1996 より）

　以上のように，この女狐近世墓地の調査では，緻密で詳細なデータが報告されている。このことから，そのデータを活用することにより，田中が課題とした研究にも取り組むことが可能な報告となっている。さらには，近世墓標や近世墓地の研究者だけでなく，陶磁器や銭貨等の研究者にも多くの貴重な情報を提供しており，こうした観点からも意義深い調査であると言えよう。

　この他，大分市の玉沢地区条里跡においても対象地内に存在していた茨川原近世墓地の発掘調査が行われている（大分県教育委員会 2000a）。

（3）北部地域

　東九州自動車道の建設事業に伴い，中津市の香紫庵遺跡，今成近世墓などにおいて，墓標の調査が行われている（大分県教育庁 2015）。最古の銘をもつ資料は宝永 2 年（1705），享保 13 年（1728）などである。このことから，この周辺地域では 18 世紀前半に相次いで墓地が造営されはじめていることが知られる。

（4）南部地域

　臼杵市の下藤地区の墓地における発掘調査では，16 世紀後半から 17 世紀初頭のキリシタン墓地と 18 世紀以降に造成された非キリシタン墓地が確認されている（臼杵市 2016）。後者の 18 世紀以降に形成された墓地における墓標については，形態分類され，変遷が述べられている。形態は大きく 5 種に分類されている（図 151）。これらの変遷をみると，駒型が寛保 3 年（1743）から文政年間まで，櫛型が宝暦年間から 19 世紀前半まで，上述した国東半島における調査で「冑型」と呼称される形態が 18 世紀末から 20 世紀初めまでの造立となっ

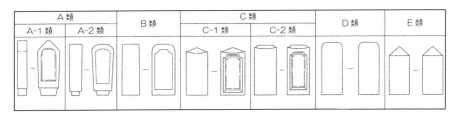

図 151　臼杵市下藤地区所在墓標の形態分類（臼杵市 2016 より）

ている。この駒型→櫛型→「冑型」という流れは，他の大分県内のみならず，全国的な状況と同様であるが，駒型が文政年間まで存在することは，本墓地の特徴と言えよう。

4．熊本県

(1) 中部地域 (熊本地域)

　熊本県において近世墓標に関して最も著名なのは，現在の氷川町に所在するおさき墓地古塔碑群の調査であろう（熊本県 1979）。この調査は，1977 年に九州自動車道建設工事に伴って実施されたもので，近世墓の調査として先駆的な事例として位置付けられている。

　調査報告書には，紀年銘のある資料だけでなく，紀年銘のない資料についても型式編年され，一覧表にまとめられている。形態変遷を見ると，最も新しい紀年銘を有する塔形墓標の年代が慶安元年（1648）であり，本墓地において非塔形墓標の初現形態とされる「角石塔」（図 152）の最古の資料が承応元年（1652）である。このように，資料数が限られてはいるが，塔形から非塔形への移行について，併存期間を有しないことがこの墓地の特徴のひとつとして挙げられよう。

　下益城郡中央町（現在の美里町）では，熊本大学が町内の一部地域に所在する金工や石造物の銘文の悉皆調査を行い，現存している文献史料と併せることにより，当該地域の歴史についての研究を行っている（熊本大学 2003）。このうち，墓標の調査からは，刻まれた没年月日や俗名，施主を基にして，当該地域における歴代の庄屋について，その代替わり（世襲）や庄屋自体が交代している状況についての考察等がなされている。

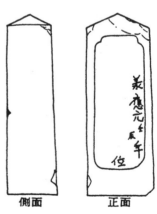

側面　　正面

図 152　氷川町おさき墓地所在「角石塔」（熊本県 1979 より）

(2) 北部地域

　玉名市の西屋敷遺跡では，九州新幹線建設工事に伴う埋蔵文化財調査の一環で近世墓標の調査が実施されている（熊本県2009）。同調査では，26基の墓標が資料化され，小規模ながらも墓標の分類，その変遷，使用石材や刻銘等についての分析，考察がなされている。これらの墓標は，すべてに「釈」銘を有する浄土真宗の墓標で，最古の資料は，明和4年（1767）銘を有する「尖頭方柱形」墓標である。

　墓標の形態は，「切妻形」，「尖頭方柱形」，「方柱形（兜形）」，「位牌形」などで，「尖頭方柱形」→「切妻形」→「方柱形（兜形）」→「位牌形」という変化が見られる（図153）。「切妻形」は「尖頭方柱形」と併存しているが，これは前者が女性用，後者が男性用という使い分けがあったのではないかとされている。「尖頭方柱形」が当該墓地における初現形態である事例は，他の浄土真宗の墓地でも知られているように，「位牌形」が「方柱形」よりも遅れるという事実が，本墓地においても確認されている。なお，墓標の刻銘について，彫られた字の縁に墨書が見られる資料が存在することから，銘を刻むに当たり，その下書きとして墨書されていたのではないかと推察がなされている。

(3) 球磨地域

　県南部の錦町の蔵城遺跡では，24基の近世墓が発掘調査されている（熊本県1999）。15基の墓標が確認され，このうち5基は紀年銘を有する墓標が原位置を保っていた。これらの墓標は，明暦2年（1656）の銘を有する資料が最古で，享保2年（1717）の墓標が最も新しく，墓地の造営期間はわずか半世紀である。墓標はいずれも正面形態が不定形で，厚さが数cmの板状を呈している。このため，墓標を立てる台座を伴っている。台座は直方体状で，中央部が穿孔されており，墓標を差し込める形態となっている（図154）。石材は墓標が安山岩，台座が凝灰岩である。

　人吉市では，人吉藩主であった相良家の菩提寺である願成寺の子院の墓地に所在する墓標の調査が行われている。この調査成果と関係史料により，明治初年の廃仏毀釈で廃された子院の盛衰などの考察がなされている（犬童1999）。また，求麻郷土研究会が地域の墓地に所在する墓標調査を行っている。分析や

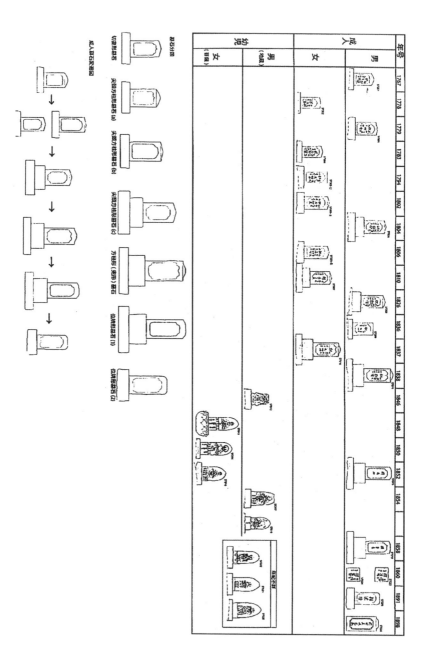

図 153 玉名市西居敷遺跡所在墓標の編年表（熊本県 2009 より）

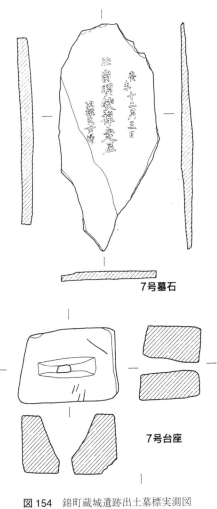

7号墓石

7号台座

図154 錦町蔵城遺跡出土墓標実測図
（熊本県 1999 より）

考察等はなされていないが，銘文や法量，簡単な形態を記した一覧表が報告されている（求麻郷土研究会 2008a，2010b）。滅失が危惧される墓標の基礎的な調査が地域の有志によってなされた功績は大きいものと言えよう。

（4）天草地域

　天草では，鶴田文史が当該地域の歴史について，様々な角度から概説しており，近世墓標の状況についても簡単に触れている（鶴田文史 1986）。これによると，天草での近世墓標の初見は寛永15年（1638）で，寛文頃から多くなり始めるとしており，江戸やその近郊，畿内などとの傾向と同様である。形態については，元禄頃までを「第一型式」，以降を「第二型式」とし，前者では「自然石の板碑の形式」，後者は「将棋型」を呈しているとしている。さらに「第一型式」では銘文は正面のみ，「第二型式」では，右側面に紀年銘，左側面に俗名を刻むとし，一観面から多観面への変遷についても簡単に記述がなされている。

　この他，天草市河浦町において田中藤司らが江戸時代庄屋を務めていた旧家の家系記録である家譜を当該家の累代墓標と合わせて検証し，その歴史的史料としての位置付けを行っている（田中藤司 2004b）。

5. 宮崎県

　県北部の日向市の中山遺跡では，道路建設事業に伴い，近世墓地の発掘調査
が行われている（宮崎県 2004）。この調査では，二十数基の墓が確認され，うち
1 基の墓が埋葬施設とともに上部構造の墓標もセットで図化，記録され，報告が
なされている（図 155）。形態の変遷は，「不定形駒形」→「駒形」→「櫛形」→
「地蔵形」→「角柱形」という，全国的な様相と同じ傾向を呈しているとしている。

　江戸時代には薩摩藩領であった旧高岡町では，農道整備に伴って近世墓
地の発掘調査が行われている（高岡町 2005）。墓地内に造立されていた墓標
の他，発掘調査により出土した墓標の資料化がなされている。墓標は頭部と
正面形態により形態分類されている（図 156）。このうち，本墓地の 1660〜
1690 年代の墓標の主流は，頭部が「寄棟」で正面上部に二条線を有する形態
（図 157）で，1700 年代以降に他の形態が現れ，多様化するとされている。この
調査で興味深いのは，被葬者が農民だけでなく，武士も含まれていたことが挙
げられる。後者は，薩摩藩が藩内に設置した外城に住まわせていた郷士で，8
つの家の墓標が確認されている。そして，これらの家の墓標は 30 年〜110 年と
いう，限られた期間の紀年銘を有していることから，郷士が一定の期間，当地

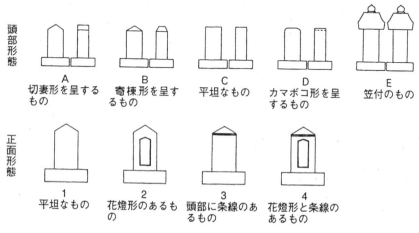

図 156　宮崎市八反田・川子地区墓地群所在墓標の形態分類（高岡町 2005 より）

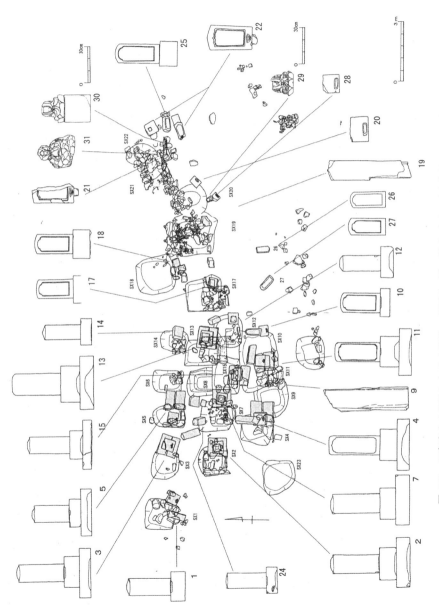

図 155 日向市中山遺跡における墓坑、墓標及び敷石対応平面図（宮崎県 2004 より）

域における農村や山林に関する役職に就いていたものと想定されている。薩摩藩における農村経営の実態を知るうえで，参考となったと述べられており，まさに，文献史料ではなく，墓標という物質資料が活用された好例と言えよう。

この他，中世の遺跡として著名な宮崎市の山内石塔群において，近世年号を有する板碑などが数基確認されている（宮崎県 1984）。同石塔群は，調査後に移設により保存されていることにも留意したい。

6. 鹿児島県

鹿児島県では，根占町舟木地区の天目石近世墓において，「五輪塔に類似した」石塔1基とその下の土坑墓の発掘調査が行われている（根占町 1993）。石塔には銘文がないが，土坑墓から出土した古銭の分析から17世紀中頃に造営されたものとされている。石塔については，同時期の当該地域における特徴的な形態として着目されよう（図158）。

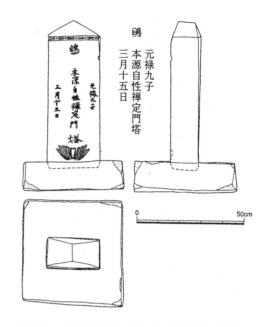

図157 宮崎市八反田・川子地区墓地群所在墓標の主流形態実測図（高岡町 2005 より）

図158 鹿児島県天目石近世墓石塔実測図（根占町 1993 より）

Ⅲ．近世墓標の様相

⎸1 形態別の様相

　前述のように，近世墓標には多様な形態がある。とりわけ，墓標が普及し始める 17 世紀に非塔形墓標が定着して以降，新たな形態が発生し，同時期に種々の形態が併存して造立されている。

　そこで，本項では，ともに中世から近世に移行する段階での墓標であり，塔形墓標の終焉とされる「一石五輪塔」と非塔形墓標の初現形式である「舟型光背五輪塔」と「尖頭駒型墓標」を取り上げ，その研究の現状や地域の特徴などを簡単にまとめてみたい。

1. 一石五輪塔

(1) 研究の動向

　一石五輪塔の研究については，2005 年に横田明により，その研究史や課題が端的明確に総括されている（横田 2005）。このため，ここでは横田まとめた研究史を簡単に振り返り，横田以降になされた研究や各地域の調査などに触れてみたい。

　横田は，この研究史を第 1 期は戦前，第 2 期を 1960〜1970 年代，第 3 期を 1980 年代前半，第 4 期を 1980 年代後半とする 4 期に区分している。

　第 1 期として，天沼俊一や坪井良平の成果を挙げ，これらの研究が以降の嚆矢となったとしている。第 2 期は，石造遺品として一石五輪塔の研究が始まる段階として，川勝政太郎や田岡香逸，天岸正男，赤松秀雄らの調査や論考を始め，戦災復興に伴う墓地移転に際して堺市の悉皆調査を行った吉田敬道を挙げている（川勝 1957，田岡 1962，天岸・奥村 1973，赤松 1973a，1973b，吉田敬道 1951）。第 3 期は，形態論だけでなく，建立目的に言及した論考が出され，近畿地方以外での研究がなされる時期としている（天岸 1983，福井県 1975，藤澤典彦 1981）。最後の第 4 期は，考古学，文献史学，民俗学など様々な分野から研究がなされるようになり，一石五輪塔が歴史資料として評価しようとする段階として，水野正好，藤澤典彦，吉井敏幸，大塚活美，髙田陽介らの成果を挙げている（水野 1987，吉井 1993a，1993b，藤澤典彦 1989b，大塚活美 1990，

高田陽介 1995)。さらに，畿内以外の調査や研究成果についても多様化していると位置付けている（木下浩良 1992a，1992b，北野 1993，2001，菅原 1998，和歌山県 2000，国立歴史民俗博物館 1986）。

　この横田の論考が発表されて直ぐの 2005 年 7 月に「一石五輪塔の諸問題」と題するシンポジウムが開催された。このシンポジウムでは，横田が「一石五輪塔とは何か」というテーマで問題提起を行ったほか，各地の研究者により，それぞれの地域の様相がまとめられた（西山 2007b，北野 2007，和泉 2007）。

　2014 年には，佐藤亜聖が兵庫県伊丹市の有岡城跡における発掘調査で出土した一石五輪塔について考察すべく，摂津地域における花崗岩製の資料を集成，編年を行い，さらに地域的な特徴をまとめた（佐藤亜聖 2014）。この研究で佐藤が用いた属性・型式設定は，これ以降の一石五輪塔研究に大きく影響を与えた（図 159）。

　2017 年には，狭川真一が主宰する中世葬送墓制研究会が一石五輪塔を切り口にして，東海と近畿における中世墓の終焉を考えるシンポジウムを開催した（中世葬送墓研究会 2017）。このシンポジウムでは，東海，近畿の各地域の一石五

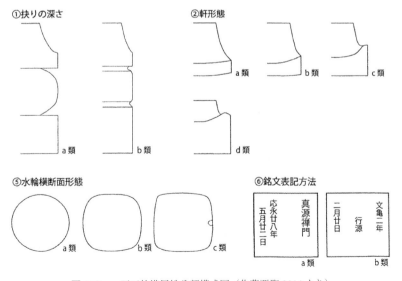

図 159　一石五輪塔属性分類模式図（佐藤亜聖 2014 より）

輪塔の様相や盛衰等を基に，それぞれの地域の研究者により，中世墓から近世墓への移行，墓制から見た中世の終焉についての発表がなされた。

　次項では，以上の先行研究や 2005 年と 2017 年のシンポジウムの成果を中心に，各地の様相等を概観してみる。

(2) 造立の目的

　これまでの研究では，「供養塔」若しくは「墓標」という二つの説が一般的である。前者では「逆修」との銘を有する資料が相応に存在するほか，同じ戒名が刻まれた年号の異なる事例が確認されていることから追善供養のために造立されたとする。また，後者では，高野山や根来寺等において，納骨遺構の上に建てられた資料が確認されていることなどによる。また，形態からは，一般的な五輪塔（別石五輪塔）が小型化，簡略化したものとの観点から，その発生は供養塔であるとするのが通説となっている。しかし，時代が下ると，地輪の高さが長大化して，戒名や年月日を刻む資料が増加することから，墓標の一形態になったとされている。

(3) 形態変遷

　在銘資料が普遍的に存在する和泉砂岩製の一石五輪塔について，西山昌孝が行った編年表から形態変遷を確認してみたい（西山 2007b）（図 160）。西山は，主に地輪の正面形態，空輪の形態に視点を当て，概ね次のような変化をするとしている。地輪は，1500 年頃に正方形になり，その後は縦長の長方形化する。また，空輪については，1500 年以前は丸味を帯びた形状で，1500 年以降は角張った形状に変化し，17 世紀中頃以降には蕾状，三角錐状になる。このように，瓦器碗などの土器と同様，一石五輪塔も時代と共にその形態は，簡略化され，18 世紀後半には造立が見られなくなる。

(4) 各地の様相

・近畿地方

　大阪府では，泉州を中心に一石五輪塔が普遍的に所在している。とりわけ，泉州では中世末～近世初期段階では，石造物全体に占める割合が非常に高い。しかし，河内北部では同時期には舟型光背五輪塔や石龕仏が一定の割合で存在してい

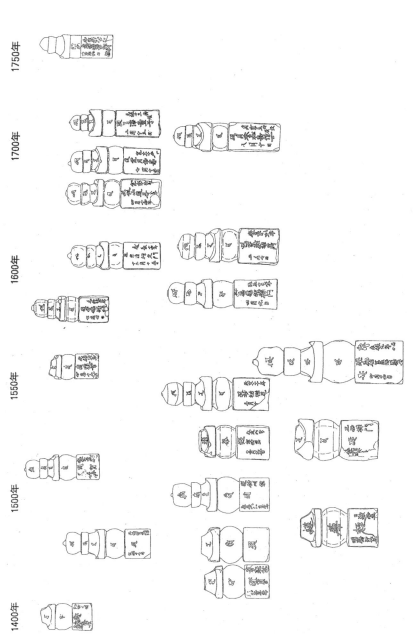

図160 和泉砂岩製一石五輪塔編年表（西山2007bより）

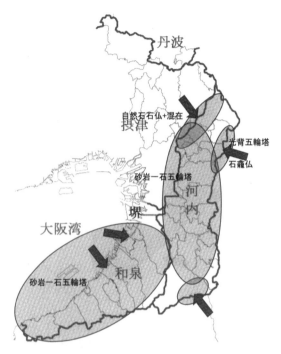

図 161　大阪府における中世末期の石造物の地域色
（海邉 2018 より）

る（海邉 2018）（図 161）。和歌山県においても，高野山や根来寺はもとより，紀中や紀南においてもまとまった造立が確認されている。兵庫県でも，面的に存在している。六甲御影石の産地を抱えることから，花崗岩製の資料が主体である。一方，奈良県では，同時期に舟型光背五輪塔などの存在があり，近隣に比して造立状況は希薄である。

・中部・東海地方

　伊賀，伊勢，志摩から三河，美濃を経て，駿河中部にかけては，一定の造立が確認されている。

山梨県南部域でも造立が確認されている（畑 1999）。また，三河や遠江，駿河では，中世の無銘の資料が中心とされており，近畿地方との差が顕著である。

・関東地方

　面的な造立は知られていないが，坂詰秀一が調査した千葉県の中山法華経寺（坂詰 1981）では安山岩製（図 162）の，銚子市や茨城県かすみがうら市では，地元産出の銚子砂岩製の資料が造立されている（池上悟 2003a，千葉 2008）（図 163）。また，栃木県でも松原豊明の調査で存在が知られている（松原 1996）。なお，東京都内の新宿区東福院や墨田区弥勒寺では，和泉砂岩製の資料が確認されている（図 164）（本間 2017）。

・東北地方・北海道

　北海道松前町の調査（関根 2012）や山形県置賜地方などで造立が知られる。このうち，米沢市などの資料は，一石五輪塔単体ではなく，越前と同様に石

図 162　安山岩製一石五輪塔
（千葉県市川市内）

図 163　銚子砂岩製一石五輪塔
（千葉県銚子市内）

廟などが伴う事例である（川崎利夫
2009a）。

・北陸地方

　越前や若狭では，笏谷石製の資料
を中心に，普遍的に造立されている。
このうち，福井県敦賀市における調
査（関根 2016）では，資料化された
墓標約 1,800 基のうち，約 10％が一
石五輪塔で，15 世紀から 19 世紀半
ばまでの造立がなされている。また，
能登半島の石動山や富山県立山など
でも確認されている（中世葬送墓制
研究会 2018a）。

墨田区弥勒寺
天正 11 年 (1583)

新宿区
東福院

図 164　東京都内所在和泉砂岩製
一石五輪塔（本間 2017 より）

・山陽地方

　広島県三原市では，市域内で 3,566 基の一石五輪塔が確認されている（三原市 1979）。このうち在銘資料はわずか 17 基で，無銘の資料には，幅に比して厚さが小さいものが多く見られ，それらは概して粗製品であるとの報告がなされている。

2．舟型光背五輪塔

　舟型光背五輪塔は，文字通り，舟形を呈した墓標に五輪塔を浮彫りにしたもので，坪井良平は「背光型五輪塔」と呼んでいる。また，「尖頭状五輪板碑」，「舟型五輪塔」などとも称されている。この舟型光背五輪塔は，山城南部から大和盆地北部周辺では，中世から近世への移行期に最も一般的な形態で，大和と隣接する河内北部や伊賀地方にも拡がっているようである（中世葬送墓研究会 2017）。また，五輪塔が刻まれた非塔形墓標は，畿内以外でも存在している。

　そこで，ここでは舟型光背五輪塔や全国各地における五輪塔が刻まれた墓標について，概観してみたい。

（1）山城南部，奈良盆地

　この地域では，櫛型が出現する以前，中世末から近世初期にかけての時期では，最も一般的な形態である。山城木津惣墓では，この「背光型五輪塔」が約 400 基以上確認されている（図 165）。16 世紀中頃から 18 世紀中頃までの約 200 年間造立されており，造立のピークは延宝から元禄期〜17 世紀後半である（坪井 1939）。

（2）中部・東海地域

　愛知県南知多町の岩屋寺墓地を始め，伊勢湾周辺において「薄肉彫五輪塔」が分布している（坂 1942，池上

図 165　「背光型五輪塔」（旧木津惣墓所在・現京都府木津川市東山墓地）

年 1949）。伊勢市の白米家墓地の調
査では，宝塔を浮彫りにした寛永 20
年（1643）銘の資料をはじめ，天正
～元和頃の五輪塔を刻んだ資料の存
在が報告されている（伊勢中世史研
究会 2015）。静岡県磐田市の西光寺で
は，緑色片岩製の「背光五輪塔」が
確認されている（中世葬送墓研究会
2017）。

　また，特異な事例であると思われ
るが，長野県茅野市の頼岳寺にある
信州高島藩の初代藩主諏訪頼水の墓
所は，木造の御霊屋内に石廟が造立
されている。この石廟の中に，五輪
塔が陽刻された「石碑」が納められ
ている（図 166）（茅野市 2017）。

(3) 北陸地域

　北陸では，越前三国湊において，
舟形ではないが，五輪塔を浮彫りに

図 166　諏訪頼水墓所陽刻五輪塔石碑
（茅野市 2017 より）

した駒型や角柱の墓標の存在が報告されている（関根 2015）。富山県立山町の
岩峅寺においは，無紀年であるが中世期の資料とされる五輪塔線刻「板石塔婆」
がある（立山町 2012）（図 167）。この立山町周辺では，在銘資料として氷見市
光西寺墓地や高岡市円通庵遺跡，石川県中能登町小竹神社や石動山において，
15 世紀末から 16 世紀中頃のものが知られている（図 168）。

(4) 泉州地域

　泉州では，舟形ではなく圭頭の駒形を呈する形態に宝篋印塔や五輪塔を刻ん
だ資料が各地の墓地で散見される。これらの資料は，概ね 16 世紀末～17 世紀
後半にかけての紀年銘を有する。当該地域における非塔形墓標の出現期の形態
と位置付けられている。なお，この地域では，一石五輪塔が同時期に興隆して

図 167 「五輪塔線刻板石塔婆」
（富山県立山町）

図 168 「五輪塔陽刻板碑」
（石川県石動山）

おり，その関係性が注視されるところである（中世葬送墓研究会 2017）。

(5) 中国地方

　鳥取県旧赤碕町において池上悟により確認されている。同所では一石五輪塔も存在していたことから，池上は関西方面との関係性が想定されると指摘している（池上悟 2003）。また，広島県三原市内の数ヵ所の寺院墓地においても，舟形で五輪塔が 2 基並べて刻まれている資料が確認されている（三原市役所 1979）のをはじめ，尾道市内においてもその造立が認められる。

(6) 小結

　以上のように，この舟型光背五輪塔は，大和北部や山城南部を中心に中世末から近世初頭に普遍化した形態であるが，その影響を受けた墓標は，関東を除き，中国地方から東北南部に拡がっているようである。関東に存在が希薄なのは，一石五輪塔の様相と共通している。

　今後は，上述した坪井や木下のように，舟型光背五輪塔に特化した調査や研究，全国各地における様相等が集約される研究が積極的になされることを期待したい。

3．駒型（尖頭駒型）墓標

　頭部が山型で，伏せると将棋の駒の形状を呈している墓標は，各地の墓地で存在し，「駒型」と呼称されている。坪井良平は「山城木津惣墓墓標の研究」において，この形態の墓標を「尖頭型類」として2型式を設定している（図169）（坪井1939）。この2型式のうち，一方は「関東地方に盛んに行はれた板碑と同じもの」で，もう一方は，正面上部に2条線や2条の突帯を有していない形態としている。そして，後者は頭部が鈍角になり，櫛形を呈する墓標に「吸収される」形態として位置付けている。

　そこで本項では，坪井の指摘とおり，この後者である駒型が櫛型に先行し，「吸収」されるのかという点について，畿内における調査報告から考えてみたい。

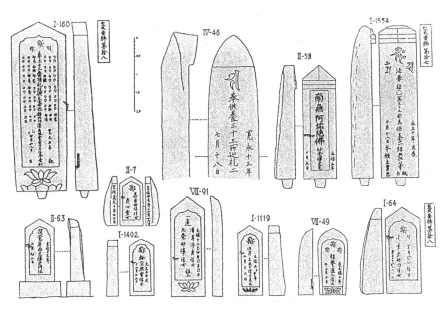

図169　木津惣墓所在「尖頭型類」墓標（坪井1939より）

　なお，木津惣墓における駒型の造立年代は，17世紀第3四半期から18世紀第2四半期までである。造立のピークは，18世紀第1四半期の元禄期頃にある。造立数は，1860年代以前の有紀年銘資料数でみると，わずか11基で，1%にも満たない。また，櫛型は，約20年後の天和年間から造立が認められる。

(1) 奈良盆地における調査

・平岡極楽寺墓地（奈良県葛城市）（白石・村木2004）

　1860年代以前の有紀年銘資料261基のうちに28基あり，約11%を占める。造立年代は，1630年代から1740年代までで，木津惣墓に比べると，出現も終焉も若干早い傾向であるが，ほぼ同じような様相と言えよう。

・中山念仏寺墓地（奈良県天理市）（白石・村木2004）

　造立数はわずか7基である。年代を見ると，1660年代から1730年代までに5基，その後，大きな空白期間があり，19世紀に2基の造立がなされている。「櫛形」の出現は，同じ1660年代である。本墓地においては，造立数が極端に少ないことに加え，「櫛形」の出現時期がほぼ同じであることから，調査結果だけを見れば，「櫛形」の先行形態であるとは言えない。

(2) 奈良盆地周縁部における調査

・室生寺墓地（奈良県宇陀市）（柳澤2009）

　奈良盆地の南方の山中に所在する室生寺における調査では，70基のうち，「駒形」は5基確認されている。率にすると約7%である。造立年代は，1670年代に3基，1720年代と1760年代に各1基である。一方，「櫛形」は1701～1710年から造立が見られる。「駒形」は「櫛形」に比べ，約30年早く出現している。

・入谷墓地（奈良県宇陀市）（白石・村木2004）

　室生寺と同じ宇陀市に所在する墓地で，1860年代以前の紀年銘資料75基のうち，「駒形」は5基あり，紀年銘資料全体の約7%を占める。その年代は，1650年代に1基，1691～1710年に3基，1780年代に1基である。「櫛形」で最も古い資料は，1760年代のものであることから，1世紀以上の差がある。

・春明院墓地（奈良県奈良市）（白石・村木 2004）

　ドサカ墓地と同じく旧都祁村内の墓地である。90基のうち，「駒形」は6基あり，その比率は約7%である。1660年代から1820年代まで断続的に造立されている。「櫛型」は1691年以降の造立であり，「櫛形」が約30年先行している。

・ムシロデン墓地（奈良県奈良市）（白石・村木 2004）

　前二者と同様，旧都祁村の山中に所在する墓地。63基のうち，「駒形」は約8%に相当する5基が確認されている。造立年代を見ると，1700年代から1750年代までに3基，60年後の1810年代に1基，さらに50年後の1860年代に1基造立されている。一方，「櫛形」は1721年以降の造立であり，その時期差は約20年である。

(3) 河内地域における調査

・神宮寺墓地（大阪府八尾市）（八尾市 2013）

　大阪平野の東端部，生駒山地の西麓に所在する大規模な墓地である。八尾市教育委員会が行った調査では，1681基の墓標が資料化され，「駒形」は，そのうちの約13%に当たる218基が確認されている。紀年銘資料に限っては，150基のうち，「駒形」は9基で，約6%である。1680年代から1720年代までに7基，60年間の空白期間があり，1780年代と1790年代に各1基の造立が見られる。空白期間後の2基については，同期間前の資料と同じ系譜か疑問がある。一方，「櫛形」は1701年以降に出現しており，「駒形」が20年早く出現している。

・大阪狭山市内墓地（大阪狭山市 2006）

　市内において大規模に墓標の悉皆調査が行われた大阪狭山市の調査では，「山型角柱」との名称で呼ばれており，板碑の「形態を受け継ぐ」と述べられている。1630年代に出現し，1660年代から1770年代までの造立が確認されている。櫛型に約40年先行している。

（4）泉州南部地域における調査

・妙光寺墓地（大阪府泉佐野市）

（三好 1986）

　大阪府南部の泉佐野市における調査
事例では，1680 年代から 1760 年代ま
での造立が確認されている（図 170）。
造立数は約 7％に当たる 26 基で，1700
年前後頃にピークがある。同調査では，
櫛型のうち，概ね正面のみの調整であ
る資料が 1670 年代から見られ，1720
年代頃から普遍化することから，坪井
が指摘する同型式の先行形態とも言え
よう。

・飯ノ峰畑村墓地（大阪府阪南市）

（大阪府埋蔵文化財協会 1988）

　この調査では，「圭頭状文字板碑」と
呼ばれている。墓地における約 160 基
うち，約 14％に当たる 23 基で，1650
年代から 1720 年代まで造立されてい
る。櫛型は 1701〜1710 年に出現して
いることから，その初現の時期差は約
50 年である。なお，先行形態とされる
「圭頭五輪板碑」（図 171）は，1640 年
代から 1670 年代まで，6 基が造立され
ている。

図 170　駒型墓標（大阪府泉佐野市）

図 171　「圭頭五輪板碑」（大阪府阪南市）

(5) 摂津地域における調査

・春日大社南郷目代今西氏屋敷内墓地（大阪府豊中市）（豊中市 2008）

　調査では，天文から元和年間にかけて五輪塔や一石五輪塔があり，その後，非塔形墓標として寛文 12 年（1672）銘の駒型が出現している。また，貞享 3 年（1686）には櫛型が初出している。両形態の初出の時期差は 14 年である。

(6) 小結（畿内の様相）

　畿内各地における駒型の出現時期は，1630 年代〜1700 年代で，平均すると，1660 年頃になる。一方，櫛型は 1640 年代〜1760 年代に出現しており，概ね 1690 年頃になる。これら 2 形態の差は，ほぼ同時期の墓地が 2 ヵ所，110 年が 1 ヵ所あるが，これ以外は 10〜50 年であり，平均すると約 30 年，一世代の差が見られた。グラフ等からの読み取りに限ってであるが，櫛型が先行する墓地はなく，もちろん逆転している墓地もない。

　以上のことから，駒型は，坪井の指摘するように，櫛型の先行形態として造立されたものと言えよう。しかし，何らかの理由により，頭部が変化して，弧を描く円い形態が採用されたこと−属性の変化−により，短期間で急速に衰退したものと思われる。そして，この事実は，櫛型が全国展開して他の形態を駆逐した理由，すなわち「櫛形を呈する墓標の斉一性」を考えるうえで重要な事項であると思われる。

②造立層の様相

1．有力武士層

（1）旗本

　調査事例について触れるに当たり，近年の旗本墓所の調査を行う前の基礎的な情報を提供している研究がある。それは，埼玉県における大名や旗本の墓所の成立や移動などについて，文献史学の観点からまとめられた兼子順の研究である（兼子順 1988）。兼子によると，現在の埼玉県は，江戸に近接していたことから，近世には大名や旗本の知行地が多く存在していた。このうち，旗本は寛永 2 年（1625）の江戸屋敷割により，生活の拠点が江戸屋敷に移るようになるまでは，その知行地に陣屋を設けて居住し，江戸に通勤するのが一般的であった。このため，その菩提寺も知行地内に置いていたとのことである。こうした状況から，埼玉県内には多くの旗本の墓所が所在しているおり，内藤家や水野家，牧野家の墓所について，調査がなされている。

　このうち，旗本内藤家は，埼玉県久喜市に近世初期から幕末まで約 280 年間，14 代にわたって 5,000 石の知行地を有し，陣屋を構えていた。この陣屋に隣接して内藤家の菩提寺である善宗寺があり，「旗本内藤家歴代の墓所」として宝篋印塔 22 基などが同市の史跡に指定されている。この宝篋印塔について，調査がなされている（久喜市 2012）。これらの宝篋印塔は，最古の紀年銘が慶長 7 年（1602），最新が嘉永元年（1848）で，この間の 250 年間における「宝篋印塔の形式の変遷をよく伝えている」とされ，その特徴から 5 期に分けて，それぞれの時期の形態について詳細に報告がなされている。

　なお，幕府の大番頭などを務めた水野家は同県寄居町の昌国寺に墓所があり，池上悟により調査成果がまとめられている（池上悟 2015）。また，鴻巣市にある旗本牧野家墓所については，同市史において墓標の詳細が記載されている（鴻巣市 2003）。

　一方，江戸では，北区城官寺所在の多紀家や増上寺における三井家（高山 1992a）などの調査がある。このうち，城官寺の調査は，徳川家の医師として

図 172 京都妙覚寺　狩野家墓所（坂詰 2004 より）

代々の将軍に仕えた多紀家の墓所の調査を池上悟が行ったものである（池上悟 2017a）。この調査報告によれば，奥医師に任じられた 5 代以降に墓標が大型化し，形態も「円頂方形」から「突頂方柱」に変化しており，階層による墓標形態の差が如実に表れている事例となっている。

　この他，旗本と同格とされ相応の待遇を受けていた奥絵師狩野家の墓標調査が大田区本門寺と京都妙覚寺においてなされている（図 172）（坂詰 2004）。

(2) 大名家臣

　金沢市野田山墓地における前田家有力家臣団に関する研究（出越茂和 2001）では，その造営されている位置や規模，所在している墓標を調査したうえで，家格や採用されている墓標の形態等について考察が行われている。その結果，墓標に宝篋印塔を採用している事例がわずか 19 基で，その時期が 3 代藩主利常治世下の慶長末から寛永初年までであること，19 基の半数が「石堂」を伴い，その事例は初代藩主利家の子女とその縁者に限定されていることが明らかにされている。

2. 公家

　公家の墓制や墓所等についての調査や研究として管見に入っているのは，京都・二尊院に所在する鷹司家の調査（藤井直正 1989），同じく京都・東福寺ほかに所在する一條家の調査がある（市村 2019）。鷹司家，一條家は共に平安時代に始まった摂関家・五摂家である。

　このうち，鷹司家の墓所は，明暦3年（1657）の鷹司信房の石塔に始まる。この信房は，断絶していた同家を再考した人物で，その時期にこの墓所が造成整備されたのではないかとされている。また，信房以前の墓所については，不明のようである。

　墓所の中心部に造立されている墓標は，24基あり，方形の基壇の上に宝篋印塔若しくは五輪塔が据えられてる。使用されている石材は砂岩が多数を占めている。高さは，いずれも70〜80cm程度であり，調査者の藤井直正は，同時期の大名墓と比べると「つつましや」であると述べ，「当時における公家社会の経済状況を反映している」と指摘している。さらに，藤井は享保10年（1725）に薨去した鷹司兼煕の葬送について記した史料を確認し，薨去から「尽七日（満中陰）」までの出来事を整理して報告している。ここで，興味深いのは，天皇家の外戚である公家が，現代の私たちに通じる仏教的な考えに基づいた七日毎の法要を営んでいることである。また，「石塔供養」が薨去から1ヶ月後の「初月忌」に行われていることも留意したい。この「石塔供養」は，その造立と想定される。墓標研究においては，墓標に刻まれている被葬者の没年月日とその墓標の造立時期とのことが度々議論されている。農民や庶民の墓標が製作されて造立される時期と公家のそれとを同一視することはできないが，墓標研究者の念頭には留めておきたい事項である。

3. 儒者

　儒学者・儒者の墓標については，近年までは東京都新宿区に所在する林家一族の墓所と墓標が1976年に同区により調査（新宿区 1978）された程度で，それを集成する研究がなされていなかった。こうした状況のもと，近世大名家の発掘調査を行った坂詰秀一は，大名墓の地下構造の施工法に共通性があること，それが中国・南宋期に儒学を大成し，朱子学を新興した朱熹の『家礼』に則っ

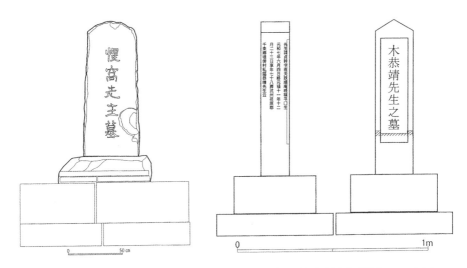

図 173 藤原惺窩墓実測図（松原 2012a より）　　　**図 174** 木下順庵墓実測図（松原 2012a より）

ていることを明らかにした。この成果を受け，坂詰と共に大名墓の調査に携わった松原典明が近世期に活躍した儒者の墓所や墓標のあり方について，近年多くの研究成果をまとめている（松原 2012a，2018）。

　松原はまず，近世朱子学の父と呼ばれる藤原惺窩（せいか），その門下で四天王とされる林羅山，堀杏庵をはじめ，三宅亡羊（ぼうよう），山崎闇斎，木下順庵らの本人と有縁者の墓所や墓標の調査を行い，その様相を把握したうえで，墓所の様式や墓標の分類，変遷等について，考察をした。墓標の形態について，大きく頭部が半円形を呈する円首と尖頭形の圭首の 2 種類に区分し，さらに細部の特徴により，円首を 3 種，圭首を 4 種に細分化して分析を行った。その結果，円首は藤原惺窩（図 173）の系譜で，堀杏庵や三宅亡羊らが採用しているとし，一方圭首については，林羅山や山崎闇斎や木下順庵（図 174）らの墓標に見られるという傾向を導き出した。

　さらに，京都黒谷金戒光明寺において，儒者の墓標約 500 基を調査して，分析を行った。この結果，その造立数は，円首が 249 基で，圭首が 248 基とほぼ同数であること，その年代的な消長（図 175）についてもほぼ同様に展開していったことを示す結果が示されたとしている。この他，石材についても触れており，17 世紀段階では花崗岩製が顕著で，18 世紀の元禄期頃から砂岩が採用

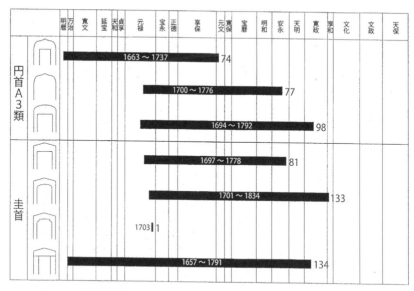

図175 金戒光明寺に墓所における墓標頭部の形態変遷図（松原2012より）

され，普遍化している。そして，この変化について，朽木量（朽木2002）が庶民の墓標が京都周辺で砂岩が普及する時期を17世紀後半としていることと一致しているとまとめている。

　こうした松原の業績を受け，文献史学の立場からも儒者の墓標の形態についての研究がなされている。松本丘は，松原の成果を評価したうえで，学派別の形態種別やその継承について，江戸や京をはじめ，全国各地にある崎門学派内の儒者の墓標の調査を行った（松本丘2014）。墓標の形態を4種に分類して考察した結果，派内のひとつの門下では，その門下生が師の形態を倣っていたことを導き出している。また，北脇義友は岡山市と瀬戸内市の共同墓地にて調査を行い，儒葬墓標の存在比率や採用されている形態，石材など，その特徴についてまとめている（北脇2015，2016）。

4. 神職

　神社関係者の墓標の研究については，前章で記した三重県伊勢市において，豊受大神宮（伊勢神宮外宮）の御師を務めていた白米家墓地の調査がある（伊

勢中世史研究会 2015)。

　同じ伊勢神宮では，内宮の祠官の墓標調査，研究が山崎孝幸により行われている（山崎 1995)。これは，伊勢神宮の祠官であった荒木田氏一門の禰宜の墓標を対象としたもので，伊勢市内に所在する 3 ヵ所の墓地に所在する 71 基の墓標が調査，分析や考察がなされている。形態として「五輪塔」，「櫛形碑」，「角柱塔」，「自然石」の 4 種類の形態が設定されており，「五輪塔」→「櫛形碑」→「自然石」→「角柱塔」へという変遷が確認されている。こうした変遷について山崎は，非塔形墓標である「櫛形碑」の採用，さらには「自然石」への遷り変りは，仏教色の濃い五輪塔を排除することで，荒木田氏の墓標が「仏教墓」でないということを主張しようとした顕れではないかとしている。

　この他，考古学的な見地からの論考ではないが，此経啓助が神道を意識して造営された墓を「神道式墳墓」と呼称し，近世の大名や神職，儒学者，国学者の墓について調査，研究した成果をまとめている（此経 2005 他)。この論考では，「神道式墳墓の構成要素」として，「馬鬣封型墳」，「櫛型墓標」，「亀石」（亀趺碑)，「切妻角柱型墓標」，「駒型墓標」等が列挙されており，近年考古学的な観点からなされている大名墓や儒葬墓を考えるうえでのキーワードとなっている。

5. 有力商人，農民等

　農村部において庄屋などを務めた有力農民・豪農や有力町民・豪商などの墓地や墓標に関する調査としては，岩手県前沢町に所在する鈴木家，埼玉県熊谷市の吉田家，東京都の嶋田家（新宿区 2004)，高崎家（池上本門寺霊宝殿 2018) 石川県輪島市の時国家，大阪府泉佐野市における食野家・唐金家，島根県多伎町の製鉄事業者であった櫻井家（多伎町 2004)，香川県の塩飽諸島における人名墓（松田 2002) などの事例が知られる。

(1) 岩手県旧前沢町鈴木家墓地 （前沢町 2002)

　鈴木家は御蔵守や大肝入などの役職の他，材木御用等を勤めていた豪農，有力者であった。環濠屋敷を有し，それに近接して墓地が所在する。墓地内の中央には礫石経塚を有する高さ約 1 m の塚が築かれ，天正年間の板碑が造立されている。そして，その塚を取り囲むように墓標が建てられている。造立数の変化について，墓標の造立が普遍化するのは 17 世紀の第 3 四半期頃で，19 世紀

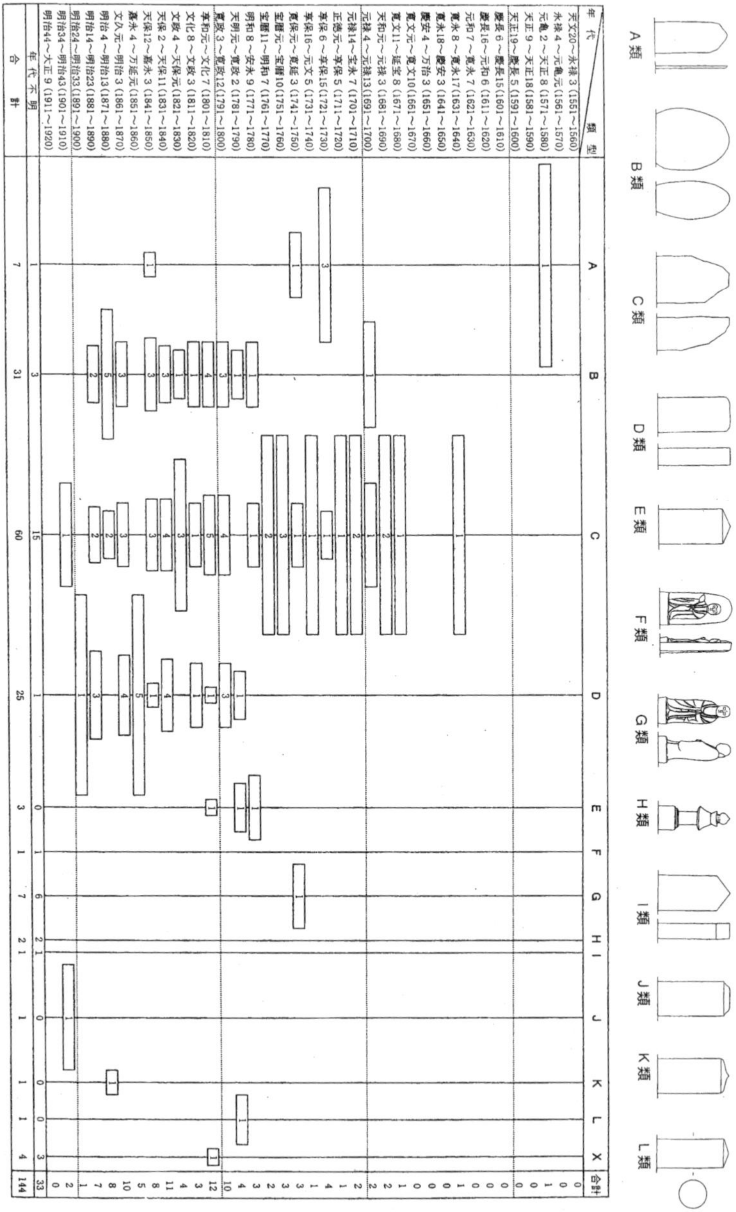

図176　鈴木家墓所における墓標の類型別変遷（前沢町 2002 より）

前に第1の，19世紀第2四半期に第2のピークがあるとしている。これについては，近隣の平泉町や旧胆沢町での様相と同じ傾向であり，鈴木家だけでなく，岩手県南部の地域性と言える。

　形態分類やその変遷については，図176にまとめられている。「C類」とする不定形の墓標が，造立当初から終焉まで継続して建立されており，その数も全造立数の約4割を占めている。また，自然石（円礫）墓標や櫛形の墓標は，18世紀の後半から出現したことで，造立数の第2のピークの要因となったとしている。こうした様相については，平泉町の事例とは差異があり，鈴木家の特徴であることから，同家の興隆と関係するものとされている。さらに，宮城県の北部の旧瀬峰町の小野寺家墓地の景観が鈴木家とよく似た様相を呈していることから，奥州における有力農民層の葬制のあり方を示しているとされている。

(2) 埼玉県熊谷市吉田家（池上悟 2014b，立正大学 2015）

　吉田家は，「吉田一門」と呼ばれ，醸造業などを営む有力農民であった。同一門は「東吉田家」と「西吉田家」の2家からなり，それぞれ個別の墓所が同市の集福寺内に造営されている。

　採用されている墓標の変遷は，東西吉田両家ともに宝篋印塔→「笠付方形墓標」

図177　西吉田家墓地墓標実測図（池上悟 2014b より）
（宝篋印塔，「笠付方形墓標」，「突頂方柱墓標」）

→「突頂方柱墓標」であり，これは関東各地における旗本の墓所における様相と一致していることから，造立者の階層性と経済性を墓標から窺うことができるとされている（図177）。また，戒名・位号は，「禅定門・禅定尼」→「居士・大姉」→「信士・信女」との変遷が見られるとのことである。「居士・大姉」が「信士・信女」に変化しているのは，天保2年（1831）に出された「御触書」により，「百姓町人」が大きな石碑を建立すること，戒名に院号や居士号等を付さないことなど，規制されたことによるものとしている。墓標の大きさもこの触書以降は，小規模になっているとことから，同家ではこの触書を厳格に遵守したものと報告されている。この他，東吉田家の墓所には，他の墓標の石材が安山岩製であるのに対して，砂岩製の小型の墓標が2基確認されている。この墓標には，「生国信州者」「上毛藤岡町　大坂屋藤八」といった出身地や俗名，さらには「施主吉田氏」などの銘文が刻まれている。このことから，この2基の墓標は，同家の使用人のものとされている。有力者層が一族の墓所の中に使用人の墓標を造立しているという事実は，当時の社会を考えるうえで，留意する必要があろう。

(3) 石川県輪島市時国家（吉岡ほか 1991，窪田 1994）

　奥能登の時国家は，治承・寿永の乱の敗戦により能登に流された平時忠の後裔と伝えられ，近世期においては廻船業や製塩業も営んでいたとされている。同家は寛永11年（1634）に「上時国家」と「下時国家」に分かれている。このうちの上時国家の墓地3ヵ所において，吉岡康暢らにより歴代当主や一族近親者の墓標調査が実施されている。

　調査が行われた3ヵ所の墓地のうち，「古墓」と呼ばれている墓地は，歴代当主の墓標を中心にして，その回りには未成年の子女が，さらにその外側には近親者の墓標が建立されている。形態は，「五輪塔型」「宝塔型」「笠塔婆型」「角柱型」「厨子型」に分けられ，「五輪塔型」は主に当主と近親男性，「宝塔型」は主に当主の妻や近親の女性，「笠塔婆型」は18世紀後半以降の近親あるいは未成年の子女，「角柱型」は19世紀前半以降の当主夫妻等の墓標として採用されている（図178）。また，「厨子型」は寛永15年（1638）に没し，両時国家の祖である13代当主の墓として造立されている。このような同家内における墓標形態の差別化，世襲的要素を有することについて，吉岡らは，武家の墓制に準じたものであり，両時国家の開創とされる13代の墓標が霊屋を模した「厨

子型」を採用している点に
ついても，「武士の墓制を
規範とした観念の所産」と
指摘している。

　さらに，一方で 19 世紀
以降の「角柱型」の採用に
ついては，その時期が全国
的な傾向に一致しているこ
とから，「一般村民と墓標
形式を共有するようになっ
た」と，同家における墓標
に対する意識の変化につい
て総括している。

(4) 大阪府泉佐野市食野家・唐金家（池田谷 1951，泉佐野市 2003）

　食野家とその分家筋に当
たる唐金家は，廻船業を営
む豪商で，最盛期には，鴻
池や三井と並んで幕府の御
用金を用立てるほどの財力
を備えていた。両家の墓地
は，当時の同市の中心地で
あった佐野町場の外れにあ
る共同墓地の一角に所在す

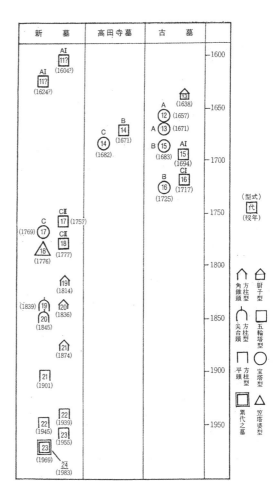

図 178　時国家墓地における墓標の変遷
（吉岡ほか 1991 より）

る。両家の墓地は食野本家，分家毎に明確に区画されており，それぞれの区画
内に墓標が整然と建立されている（図 179）。墓標のほとんどが角柱型で，花崗
岩製である。形態としては，同家が浄土真宗の信徒であったことから，他地域
の同宗派の墓標と同様，高さと幅，厚さの差のない正方体に近い形状を呈して
いる。なお，頭部の形状は，所謂ドーム状や冑形など多様である（図 180）。法

図179　食野家墓地（大阪府泉佐野市）

図180　唐金家当主墓（大阪府泉佐野市）

量は，高さが40〜60cm程度の資料が主流で，当時の墓標としては決して大きいとは言えない。一方，石材については，当該地域が和泉砂岩の産地であるにもかかわらず，花崗岩が採用されている。つまり，墓標の規模は他の一般庶民層と遜色ないが，石材には差異が見られるのである。このことは，墓標造立における社会的背景や階層性を考えるうえで留意したい事例である。

Ⅳ．近世墓標の若干の特性

１ 頭書

1. 頭書とは

　墓標の正面上部に刻まれた種子や題目などのことを頭書という。

　久保常晴は，頭書について，「墓標・位牌には戒名と示寂年月日を表示することが必須条件となっている。しかし，これ以外に，その上部中央に（A）成仏を求めて，生前帰依した宗派の本尊，（B）死去を見次する文字，（C）教理に関係のある語，のどれかを表す場合がある。これを頭書と呼んでいる。」と定義している（久保1970）。そして，次のように具体例を提示している。

　まず，（A）には，浄土宗の「キリーク」（阿弥陀如来）やこれに「サ」（観音菩薩）と「サク」（勢至菩薩）を加えた阿弥陀三尊，六字名号の「南無阿弥陀仏」がある。日蓮宗では，題目「南無妙法蓮華経」，真言宗では「バン」（大日如来）などがある。そして，（B）には，「物故」や「逝去」，「捐館」，「掩粧」などが，（C）には，「帰真」や「帰本」，「帰元」，「帰寂」，「円寂」などがある。さらに，この他として，「円満な如来の覚性」を示す「○（円相）」，「空」，「喝」，「咄」などがある（図181，図182，図183，図184，図185，図186）。

　また，この他，特異な頭書として，「烏八臼」があり，久保がその研究の第一人者として知られる。

図181　キリーク
（阿弥陀如来，大阪府岬町）

図182　阿弥陀三尊
（大阪市）

図183　アーンク
（大日如来，福井県坂井市）

図 184　逝去
（長野県上田市）

図 185　帰真
（愛媛県宇和島市）

図 186　咄
（和歌山市）

2. 烏八臼について （口絵 8）

　烏八臼とは，以下に触れるように，梵字の「シッタン」が漢訳されて変化したものとされている。烏八臼に関しての研究は，大正 7 年（1918）に，清水東四郎が『考古学雑誌』に「烏八臼に就きて」を発表し，仙台市に所在する資料を取り上げ，その意義を考察したのが最初とされる（清水 1918）。さらに，同誌で山中笑や森林太郎が論を展開している（山中 1918a，1918b，森本 1918a，1918b）。また，丹後の郷土誌を著した永濱宇平も「烏八臼」について触れている（永濱 1922）。

　その後，1941 年に久保常晴は，同誌に「烏八臼」を発表し，先学の研究を簡潔明瞭にまとめたうえで，烏八臼の意味について論究した（久保 1941）。久保は，この研究で烏八臼の発生について，経典にある「吉祥成就」の意を表す梵字「シッタン」を漢訳すると「瑟𩵋」の 2 文字になるが，後世に 1 文字で表すために「𩵋」のみが用いられるようになり，さらにこれが「烏」と「八」，「臼」の合わせた文字として誤用されたものであろうとしている。

　久保は烏八臼の研究を続け，1978 年には既往の報告などに加え，研究者からの情報提供を受け，都内，関東地方を中心に，東北や山陰地方など各地の資料約 350 例を集約し，その成果を論じた（久保 1978）。

　その成果のひとつに，烏八臼の「形態」分類を行い，その発生や系譜に言及したことが挙げられる。烏八臼には，「烏」と「八」，「臼」の 3 文字の配置により，

いくつかの形態があることが知られていた。「烏」「八」「臼（旧）」の文字を組み合わせにより、形態を 10 分類し、これらの形態について、各地の分布状況や年代との関係性、それぞれの発生や派生についての考察を行った。また、併せて「墓標の頭書は住職が決定する」としたうえで、住職の動向との関連性を指摘した。そして、烏八臼を有する資料が確認されている寺院について、住職の移動や師弟関係、さらには寺院の本末関係などを調査し、その成果と併せて考察することにより、同じ形態の伝播について論究した。

　こうした久保らの研究成果のもと、全国各地で行われた近世墓標調査において、烏八臼について言及されている。管見に入った例は、池上悟による栃木県足利市心通院における調査（池上悟 2000）、静岡県沼津市（沼津市 2002）、伊東市の調査（伊東市 2005）、熊本県おさき墓地（熊本県 1979）等がある。このうち、足利市では烏八臼が特定の時期に集中していることから、久保が指摘しているように、当該時期に住持した僧侶との関係性があるとされている。

3. 頭書の調査事例

　烏八臼以外の頭書全体を主題にした研究は、坂詰秀一により近世墓標調査の重要性が説かれたことを受けて（坂詰 1981a）、全国でなされるようになっている。まず、頭書をテーマとした研究としては、池上悟の成果が挙げられる。

　池上は、江戸や鎌倉等の関東地方を始め、畿内や山陰地方に所在する日蓮宗寺院に建立されている墓標の頭書について、詳細に調査分析を行った（池上悟 2006）。この結果、寛文期以前では一遍首題形式（「南妙法蓮華経」（図 187））が主体であり、その後はその簡略形である「妙法」が急激に展開することを明らかにした。また、千葉・中山法華経寺において、近世初期から享保期頃まで主流である「光背型墓標」の段階で「妙法」（図 188）が出現している事例を挙げ（図 189）、墓標の形態が変化しなくても頭書は変化すると説き、墓標の形態変遷と頭書の変遷との関係性を否定した。さらに、簡略形である「妙法」が全国で展開される時期についても追及しており、中山法華経寺や鎌倉で初めて現れた後に京都へ、そしてさらに山陰の石見銀山等の地方へ拡がったとしている（図 190、図 191）。この他、浄土宗寺院の墓標について、初期段階では「南無阿弥陀仏」と刻まれているが、寛永期に梵字の「キリーク」（阿弥陀種子）が刻銘された墓標が出現して以降、それが主体となり、浄土宗寺院の「南無阿弥

図187 中山法華経寺所在墓標頭書：
「南無妙法蓮華経」明暦3年・1657年

図188 中山法華経寺所在墓標頭書：
「妙法」元禄14年・1701年

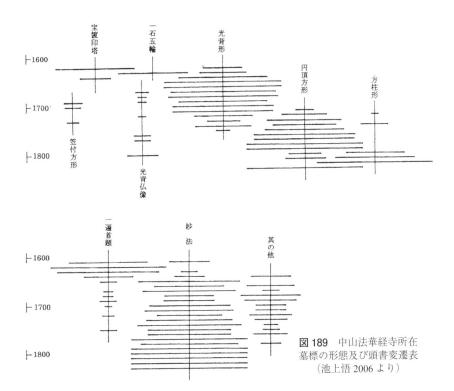

図189 中山法華経寺所在
墓標の形態及び頭書変遷表
（池上悟2006より）

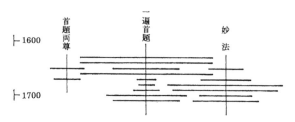

図190　鎌倉妙本寺所在墓標の頭書変遷表（池上悟 2006 より）

段階	場　所	首題両尊		一遍首題		妙法	
①	相模鎌倉 長勝寺			1624	寛永元	1627	寛永4
	下総中山 法華経寺			1625	寛永2	1628	寛永5
②	京都妙恵 会墓地			1644	正保元	1645	正保2
	相模鎌倉 妙本寺	1657	明暦3	1636	寛永13	1652	承応元
	武蔵池上 本門寺	1646	正保3	1625	寛永2	1658	万治元
	相模鎌倉 本覚寺			1638	寛永15	1659	万治2
③	下総佐原 久保木			1672	寛文2	1687	貞享4
	下総佐原 大法寺			1649	慶安2	1689	元禄2
④	伯耆米子 感応寺	1669	寛文9	1674	延宝2	1718	享保3
	石見銀山 妙正寺			1629	寛永6	1719	享保4

図191　各地における頭書変遷集成表（池上悟 2006 より）

陀仏」→「キリーク」という変遷は，日蓮宗寺院における「南妙法蓮華経」→「妙法」という変化と酷似しているとまとめている。

東京都足立区の日蓮宗寺院國土安穏寺（こくどあんのんじ）における調査では，頭書 300 例余りの資料が集成されている（坂詰 2008b）。上述の中山法華経寺と同様に，「南妙法蓮華経」→「妙法」という流れが認められている。さらに，同墓地では「妙法蓮華経」が正保年間から寛文年間にかけての約 30 年間限定で使用が確認されたとの興味深い報告がなされている。また，「妙法」の簡略形として「妙」1 文字の頭書を有する資料が確認されている点も留意が必要である（図192）。

この國土安隠寺の調査と同じく坂詰秀一が中心となって実施された東京都大田区の永壽院（日蓮宗）における近世墓標の調査においても，170 例余りの頭書について，年代や採用率についての考察がなされている（坂詰 2009）。同寺院では，「妙法蓮華経」が先行し，その後に「南妙法蓮華経」と「妙法」がほぼ同時期に出現している（図193）。

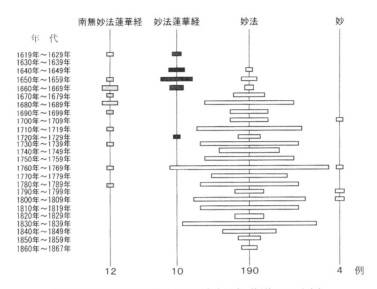

図192 國土安隠寺所在墓標の頭書変遷表（坂詰 2008 より）

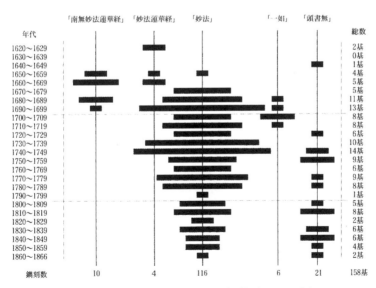

図193 永寿院所在墓標の頭書変遷表（坂詰 2009 より）

頭書他	梵字	烏八臼	○	卍	南無妙法蓮華経	妙法蓮華経	妙法	南無釈迦牟尼佛	南無多宝如来	南無阿弥陀仏	※歸・皈	圓寂	一	同	空	空風火水地	物故	三界唯一心	始智衆生本来成佛	本源自性天心佛	奉造立石仏一	無し	不明
出現回数	16	22	15	72	58	17	69	1	1	2	34	9	2	2	2	7	2	4	3	2	28	49	23
元和5 1619																							
元和6 1620																							
元和7 1621																							
元和8 1622																							
元和9 1623					2																		
寛永1 1624					2																		
寛永2 1625	1																					2	
寛永3 1626					2																		
寛永4 1627																						1	
寛永5 1628	1																						
寛永6 1629																							1
寛永7 1630																						1	2
寛永8 1631																							1
寛永9 1632					3																		1
寛永10 1633					1																1		
寛永11 1634																							
寛永12 1635																		1					
寛永13 1636																					1		
寛永14 1637			1	1	1																1		
寛永15 1638					1													1				1	
寛永16 1639			2	6	1	1															1	3	
寛永17 1640			1	1	2						1						1				1	1	1
寛永18 1641					1																4	4	
寛永19 1642					1		1	1			1					1							
寛永20 1643	1				1	1																	
正保1 1644	1				1	2																	1
正保2 1645					1		1	1	1														
正保3 1646	1		1	2	2						2												
正保4 1647			3		1	2	1	1													4	1	
慶安1 1648			1		1						1				1	1						1	
慶安2 1649	1				1		2																
慶安3 1650				1	2	1				1												1	
慶安4 1651																							
承応1 1652							1				1												1
承応2 1653			1	1		1																1	1
承応3 1654				2	1	2	2				4											2	
明暦1 1655				2		1					1												
明暦2 1656	1	1	1		1	1					1												
明暦3 1657			1		3	2		1			1												
万治1 1658	1			5	6	2	4				3								2			2	2	1
万治2 1659		2	1	2	2		3														1		1
万治3 1660	1	1		1	2						3			1							1	1	1
寛文1 1661	2	1	2	2	6		3														1	2	
寛文2 1662	1	4	2	5	2		2				1									1	1	4	1
寛文3 1663			2	1	1	4					2	1								1	1	2	
寛文4 1664	1	1			1						1								1				
寛文5 1665			3	2		5					1					1					2		
寛文6 1666			3	1							1										3	1	
寛文7 1667					2						1									1	1		
寛文8 1668	1		1	4	1	9				1							1	1		2	2	1	
寛文9 1669	1		1	3		5					1										2		
寛文10 1670			1		3	5						3									3	1	
寛文11 1671		3				5					3	1	1			1		1	1		2	2	2
寛文12 1672			10	3	1	11					3	1				2	1				1	2	2
寛文13 1673	1	1	1	5		2	4				3	2		1							2	5	2

※歸空・歸寂・歸真・歸本・歸一・歸元・皈寂・皈一・皈元・歸□など

図 194　伊東市所在墓標に見える頭書（伊東市 2005 より）

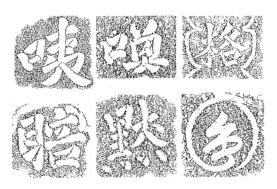

図 195　伊勢・白米家墓標に見える頭書（伊勢中世史研究会 2015 より）

　静岡県伊東市では，寛文期以前の資料 440 基を対象に，頭書の様相がまとめられている（伊東市 2005）（図 194）。このうち，日蓮宗の題目を頭書としている事例は，「南妙法蓮華経」，「妙法蓮華経」，「妙法」の 3 パターンがあり，合わせて 144 基で，全体の約 3 割を占める。「南妙法蓮華経」→「妙法」という変遷が認められ，さらに「妙法」が現れる数年前に「妙法蓮華経」が初出している。この他の事例としては，「○（円相）」や「卍」，「圓寂」，「帰空」などがある。「卍」は 72 基あり，題目以外では最多で，多用されていた様相が示されている。

　三重県の伊勢・白米家の調査（伊勢中世史研究会 2015）では，上述した久保の頭書の定義に触れたうえで，調査により確認された資料を「① 梵字，② 漢字，③ その他」に区分して，それぞれの事例について触れている。② の漢字では，一般的に使用されている「釈」や「卍」等とは別に，一文字を音読させて梵字の当て字にしている場合の事例についての報告がなされている（図 195）。具体的には，「咦」は「イ」で，地蔵菩薩の種子，「関」や「喚」，「鑑」は不動明王の「カン」，「賠」は薬師如来の「バイ」である可能性があるとしている。

　以上の他，神奈川県秦野市（秦野市 1986）や富山県立山町（立山町 2012），越前敦賀市（関根 2016），高知県十和村（岡本 1986），広島県三原市（三原市 1979）などにおける調査でも，頭書についての考察がなされている。

② 陶製墓標

　近世墓標の調査の対象としているのは，通常は石製墓標である。石製以外では，陶製（瓦質）の墓標が一部の地域で造立されている。

1. 島根県・石見銀山遺跡における事例

　石見銀山遺跡では，悉皆調査において，陶製の墓標が大森地区の羅漢寺や温泉津地区の西念寺を始め，複数の地区で十数基が確認されており（図196）（島根県・大田市 2005），周辺に広域的に分布している可能性が示されている（島根県 2011）。また，同一家族でも石製と陶製の両方が造立されていることが確認されている。

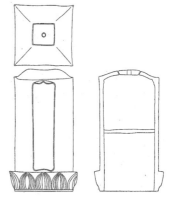

図196　西念寺所在陶製墓標実測図
　　　　（島根県 2005 より）

2. 大阪府南部－泉南地域－における事例

　阪南市称念寺境内の集積された無縁墓群中に瓦質墓標が2基あるのが確認されている。ともに櫛型墓標で，1基は宝暦5年（1755），もう1基は弘化2年（1845）の銘を有する（図197，図198）。後者には3名の被葬者が刻銘されているが，紀年銘が記されているのはこのうちの2名である。このことから，残りの1名が生前に建立した逆修墓ではないかと推察されている。石造の墓標と異なり，追刻ができないことを承知しての造立であることは，当時の墓制や墓標造立という人々の意識を考えるうえでも，興味深い資料と言えよう。また，被葬者は子孫への聞き取りなどから，瓦産業に従事していたことが確認されている。同寺が所在した地域では，近世には瓦産業が盛んであった。宝暦年間には，当該地域の瓦職人が江戸の紀州藩邸の瓦製造を請け負ったことが史料で確認されている。

また，天明期には遠州相良藩主で，幕府の老中であった田沼意次の大坂京橋役所の普請瓦の注文を受けている。このように，この瓦質墓標造立の背景には，同地域の瓦産業での繁栄があったものと思われる。

　この他，近隣の泉佐野市や田尻町，岬町においても，数基の資料が確認されている（藤田 1989）のをはじめ，泉州北部の和泉市内においても存在している。このうち，泉佐野市の資料には，「瓦屋十蔵」との銘があり，瓦製造の関係者による造立であったと考えられている。

3. 愛知県高浜市における事例

　高浜市は，三州瓦の名産地で，現在も瓦を製造している企業が存在している。1964年に当時の高浜町が行った調査によると（高浜町 1964），「瓦塔」として瓦質や陶製（「土管焼」と呼称）の墓標や祠等が確認されている。このうち，墓標は「平石塔」，「角塔婆及笠付角塔婆」，「円筒及笠付円筒」と呼称されるものである。瓦質

図197　称念寺所在陶製墓標
　　　　　宝暦五年（1755）銘
　　　　　弘化二年（1845）銘

図198　称名寺所在陶製墓標
　　　　　文化十一年（1814）銘

図199　高浜市所在陶製墓標
　　　　　天保七年（1836）銘

の資料では，「角塔婆」が最古のものとされている。「角塔婆」は，方柱型である（図199）。陶製の資料は，近代期のもので，「笠付円筒」が現存している。

4. 三重県津市称名寺の事例

　境内墓地に瓦質墓標が1基所在。形態は櫛型だが，頭部に円弧状の屋根を付けたような形態を呈している。現状では，その屋根は剥がれて，内部が上部から確認できる状況となっている。3名の被葬者あり。文化4年，文化10年，文化11年（1814）の紀年銘がある。

5. 大分市當陽寺の事例

　大分県大分市市尾の當陽寺（臨済宗妙心寺派）墓地内で3基の瓦質墓標が確認されている。このうち，銘のあるものでは，嘉永元年（1848）と嘉永4年（1851）の2基である。前者は，櫛型墓標だが幅の法量が厚さの法量よりも小さい特徴的な形態を呈している。

　以上のように，瓦質墓標及び陶製墓標は，ともに近世末から近代期にかけて造立されているという傾向があり，その形態についても，ともに櫛型と頭部が丘状の方柱型が多いことが認められた。また，大阪府南部地域や高浜市は，瓦産業の盛んな地域であったことから，瓦質墓標の造立の背景には同産業の存在があるものと思われる。しかしながら，考古学的な観点からこれらの資料が考察されていはいない。当該資料を単なる資料紹介に留めないためには，石見銀山においてなされているように，所在していた墓地やその周辺の墓地における悉皆調査を行い，石製墓標も含めた成果の総括を行ったうえで，瓦質墓標が採用されている状況や経緯など，その位置付けを考察し，意義付けを行う必要があろう。

Ⅴ．近世墓標の類型と変遷

　近世墓標の形態分類については，坪井やそれ以前の研究者によりなされており，以降の研究者も自身らの調査成果や地域性などを勘案したうえで，独自の名称を付して形態分類を行っている。また，前述しているように，1981年に坂詰秀一が提唱した「塔形」と「非塔形」，非塔形墓標の「一観面」と「多観面」という分類は，以降の研究に大きな影響を与えた（坂詰1981）。とりわけ，刻銘された面がひとつであるか，複数であるかという視点に基づいた後者の分類方法は，時代により変化する近世墓標の性格やあり方，その背景にある宗教観や歴史事象などを考えるうえで，非常に重要な成果となっている。

　そこで，本項では，この坂詰が提起した2つの分類を前提に，近世墓標の主要な形態について概観し，その変遷すなわち形態変化について述べてみたい。

① 近世墓標の主要な類型

1. 塔形墓標

　代表的な塔形墓標として，五輪塔，宝篋印塔，無縫塔がある。

(1) 五輪塔

　空風輪，火輪，水輪，地輪の4部分からなる所謂「別石五輪塔」とすべての輪を1石から作り出す一石五輪塔がある。また，三重県では空風火輪と水輪，若しくは空風火水輪と地輪の2石から成る「二石五輪塔」の存在が知られている（竹田憲治2019）。一般的に五輪塔とされるのは，この別石五輪塔のことである。別石五輪塔は，中世以前から供養塔として造立されていた。近世では，大名墓や豪農などの有力者層の墓標として採用されている事例が多く見受けられる。一方，一石五輪塔は，15世紀頃から造立がなされる。在銘最古の資料は，大阪府南部の泉州地方のもので，同地域周辺では，中世墓と近世初期の墓標として位置づけられている。

(2) 宝篋印塔

五輪塔同様に，中世初期から造立が認められる。供養塔としての造立が始まりである。近世では五輪塔と同様に大名墓などに採用されている。また，稀であるが，島根県の石見銀山（島根県・大田市 2005 他），千葉県銚子市（池上悟2003a）や大阪府河内長野市（河内長野市遺跡調査会 1998）において一石造りの宝篋印塔も確認されている。

(3) 無縫塔

他の供養塔同様に中世初期から造立が確認されている。主に僧侶の墓標として採用されている。寺院墓地では，当該寺院住職の歴代墓標として建立されている事例が多い（李 1988）。

2. 非塔形墓標

上述したように，非塔形墓標については，塔形墓標と異なり，定まった呼称や分類が確立されていない。研究者が自身の調査成果等に基づき独自に分類を行い，名称を付している。このため，ここでは1980年代に相次いで研究がなされた坂詰や谷川の研究以前の研究者により分類がなされていた形態について，代表的なものを取り上げた。

(1) 尖頭舟型（口絵 1）

よく「板碑型」とも呼称される。正面形態が三角形を呈し，側面を作り出さずに背面が船底状を呈している形態のもので，銘文が正面にのみに刻まれない「一観面」墓標である。関東地方では，初現期の近世墓標として位置付けられている。

(2) 駒型（口絵 2）

文字どおり，将棋の駒を伏せたような形状である。側面が作り出されているが，未調整の資料が一般的で，「一観面」墓標である。「山城木津惣墓墓標の研究」では，「尖頭型類」とされており，山城南部や奈良盆地を除く近畿地方では，初期の形態である。

(3) 舟型（口絵3）

　正面を上に向けて倒置した形態が舟状を
呈している「一観面」墓標である。仏像の
光背を模したものとされている。このため，
地蔵菩薩などの仏像や五輪塔などが浮彫り
にされているものが主流である（図200）。
前者は「舟型光背石仏」「舟型石仏」，後者
は「舟型光背五輪塔」「光背型五輪塔」な
どと呼称されている。畿内では，前者，後
者共に近世以前から造立されている。

　このうち，「舟型光背石仏」は全国的に
見られる。近世期の造立では，その像容
が地蔵菩薩である資料が最も一般的であ
り，如意輪観音像が彫られた資料も見ら
れる。この如意輪観音像が刻まれた資料
は，関東地方周辺では成人女性の墓に多
用されている傾向があるとされており，
畿内周辺では，この像様の資料の存在が
希薄である。

　なお，円礫の一部を加工し，仏像を浮
彫りにして「舟型光背石仏」としている
事例が関東にあり（増澤直1994），大阪府
内では円礫の丸味を帯びた部分を加工せ
ずに舟形の一部とした事例（図201）があ
る（森山2019）。

　一方，「舟型光背五輪塔」は大和北部を
中心に造立が確認されている。「非塔形墓
標」に五輪塔を刻んでいることから，「塔」
を意識しており，「塔形」から「非塔形」
墓標への移行期の資料である。浮彫りの

図200　舟型光背石仏
（大阪府河内長野市）

図201　舟型光背地蔵石仏
（大阪府河内長野市）

ない文字だけの形態は，「舟型光背五輪
塔」の五輪塔が省略されたことで発生し
たと考えられている（藤澤典彦 2007）。

(4) 櫛型（位牌型）（口絵4）

正面上部が円弧を呈していることから
「櫛型」，あるいは位牌の形状を呈してい
ることから「位牌型」と呼ばれる。18 世
紀初頭前後頃から造立が始まり，18 世紀
半ば頃には全国的に流行する。以降，明
治，大正期まで造立が認められる。ほぼ
全国で見られることから，斉一性を有し
ており，近世期を通じて最も多数建立さ
れた形態であると思われる。

初期の形態の中には，側面の上部が狭
く，下部が厚いという差があり，調整も
なされていないこと（図 202）から，駒
型から頭部が変化して成立したとも考え
られる。時代が下がると側面が調整され，
側面にも銘文が刻まれるようになる（図
203）。このように，「一観面」と「多観面」
の両方の資料があり，「一観面」から「多
観面」へと移行期の形態である。

畿内と関東周辺の資料では頭部の形状
に若干の差が認められる。畿内の資料は，
正面観で体部と円弧状の頭部との間に明
確な稜線（変化点）があるが，関東周辺
の資料では，この稜線がなく，緩やかに
頭部の円弧に移行するような形態となっ
ている。

図 202　櫛型（位牌型）墓標
（大阪府和泉市）

図 203　櫛型（位牌型）墓標
（大阪府泉大津市）

(5) 方柱型（角柱型）

18世紀前半頃に発生し，19世紀以降に全国的に普及する。体部が直方体で，正面，側面，背面ともに調整されており，4面すべてに銘文を刻むことができる「多観面」墓標である。頭部の形状は，角錐形（図204）やドーム状，兜形・冑形（図205）を呈するものなどがあり，それによる分類がなされている。

このうち，角錐形の資料は，17世紀初頭前後に浄土真宗の信徒の墓標として採用されている（櫻井2004a）が，他の宗派での普及は，時代が下がるようである。また，兜形を呈する資料は，櫛型と同様，畿内と関東周辺の資料では形状に若干の差が認められるようである。前者では，頭部最下部の両端が兜の「吹返」のように反り返っているが，後者ではこの反り返りが顕著ではない。

なお，九州国東半島では，この頭部兜形の墓標が庄屋を務めていた家の墓標にのみ採用されている事例が確認されている（大田村1995）。

(6) 笠付型（口絵5）

直方体の体部に破風などの意匠を刻んだ屋根など笠状のものを乗せた形態（図206）で，中世の笠塔婆か

図204 方柱型（頭部角錐）墓標
（和歌山市）

図205 方柱型（頭部「兜形」）墓標
（大阪府岬町）

らの発展したのではないかとされている。畿内では近世墓標の初現期から見られる。近世を通じて全国各地の調査で確認されているが，近世墓標の形態としては，補完的な性格を有する形態であるとされている。ただし，東京都内で行われた調査では，17世紀代の主流をなす形態であったとの報告がある（新宿区1987）。

（7）自然石（不定形）（口絵6, 7）

　川原石などの円礫に銘文を刻んでいるもの（図207），銘文を刻む面は加工されているが，決まった形態を呈していないもの（不定形（図208））などがある。全国的には近世墓標の主流ではないが，地域的にはこれら

図206　笠付型墓標（大阪府泉佐野市）

図207　自然石墓標（香川県高松市）

図208　不定形墓標（大阪府泉佐野市）

の形態のみで墓地が構成される事例や当該地域における墓標の主流を占める事例もある。自然石のものとしては宮城県南三陸町（西本 2015），鳥取県旧赤碕町（池上悟 2003a）など，不定形としては埼玉県小川町（小川町 2000）の調査事例がある。

　宮城県南三陸町では，調査により資料化された 106 基の墓標のすべてが正面に銘文を刻んである自然石の資料のみであるとのことである。この他，東北地方では，この自然石を墓標として採用している事例が多く確認されている（中川 1968，前沢町 2002，瀬峰町 1988，東北芸術工科大学 2007 等）。

　埼玉県小川町は，緑泥片岩の産出地として知られ，調査された墓標約 1,500 基のうち，4 割近い資料がこの緑泥片岩製の不定形なもので占められている。

② 近世墓標の類型の変遷

　前項では近世墓標を「塔形」，「非塔形」に分け，さらに非塔形では「一観面」と「多観面」に分けられることを示した。この 2 つの分類が，近世墓標の変遷とも大きな関係がある。つまり，近世墓標は，「塔形」から「非塔形」へ変化し，さらに非塔形墓標は，「一観面」から「多観面」へ変化するということである。

　まず，「塔形」から「非塔形」への変化点，すなわち「非塔形」墓標の出現について考えてみたい。

　江戸や関東周辺の地域では 17 世紀前半頃とされる。同地域における「尖頭駒型」の資料は，東京・大田区池上本門寺と同・北区南泉寺に所在する元和 5 年（1619）の銘が初見とされている（池上悟 2014b）。しかし，農村等の一般的な墓地で普遍化するのは 17 世紀後半頃とされている。

　一方，畿内とりわけ山城南部や大和においては，五輪塔が刻まれた「背光五輪塔」が中世末期の 16 世紀中頃から近世にかけて継続的に造立されている（坪井 1939，中世葬送墓制研究会 2017）。「背光五輪塔」は塔形の要素を持つ非塔形墓標である。この「背光五輪塔」から五輪塔が刻まれなくなった「舟形を呈する墓標」の出現期は，山城木津惣墓の場合，正保から慶安頃の 17 世紀半ば頃である。

　以上のような状況から,「塔形」から「非塔形」墓標への変化点については,
17世紀中頃から後半と言える。

　次に「非塔形」墓標における「一観面」から「多観面」への変化について見
てみたい。

　全国で共通して展開している「非塔形」の墓標としては,尖頭舟型,櫛型(位
牌型),方柱型がある。これらの形態の変遷について,谷川章雄が1987年に,
自身が行った調査や坪井の木津惣墓など,既往の研究や調査成果から編年表を
まとめているので,それを見ると,これらの形態は,尖頭舟型→櫛型(位牌型)
→方柱型へと変遷しているのが全国的な傾向である。そして,尖頭舟型から櫛
型(位牌型)へと変遷する時期は,概ね18世紀前半から中頃で,櫛型(位牌型)
から方柱型への移行時期は,19世紀前半頃とされている(谷川1987)。

　一般的に尖頭舟型は「一観面」で,方柱型は「多観面」であり,その中間に
位置付けられる形態の櫛型(位牌型)については,その初期のものは,側面が
調整されておらず,銘文を刻むための調整がなされていないことから,「一観面」
で,普遍化以降のものについては,側面調整がなされており,銘文も刻まれて
いることから「多観面」墓標となっている。櫛型(位牌型)が普遍化する時期は,
尖頭舟型が終息する時期であることから,18世紀中頃とされる。すなわち,「一
観面」から「多観面」への変遷時期もこの18世紀中頃である。

③ 近世墓標の変遷と画期

　以上の「塔形」から「非塔形」墓標への変化と「多観面」墓標の出現の出現
という2回の時期について,多くの研究者が「画期」として捉えている。さら
に,この2回に加え,方柱型の出現を含め,3回の画期があるとされている(田
中祐介2002等)。

　この3回の画期については,以下のような位置付けがなされている。

　第1の画期である「非塔形」墓標が出現する17世紀中頃から後半にかけて
の時期は,全国の墓地で近世墓標の造立が始まる時期である。この時期は,江
戸幕府による寺檀制度が確立した頃とされ,寺と民衆が結びついて,当該寺院

の墓地が拓かれるなど，寺院が関与することで墓標の建立が行われるように
なったとされている。さらに，川崎市において調査を行った中西望介は，こう
した宗教的な面だけでなく，この時期に小農民による経営が展開することから，
社会経済史上での変化が墓標の造立に反映されているとしている（中西1996）。

　次の第2の画期は，櫛型（位牌型）が出現し，普遍化する18世紀前半から
中頃である。この時期は，全国的に墓標の造立が急激に増加する。この増加は，
石製の墓標造立が庶民層にまで拡がり，確立する時期である。なお，前述した
ように，福岡県太宰府市の宝満山における山岳修験者らの墓標調査では，この
時期に女性の被葬者が出現してくるとされている（岡寺2011）。

　第3の画期とされるのは，19世紀初頭から前半における方柱型の出現，展開
である。これにより，墓標が個人的なものから家族的なものへと変化すること
を以て画期として位置付けられている。埼玉県新座市にて調査を行った上條陽
子は，この時期に同形態の墓標が主流となり，「先祖代々」との刻銘がある事
例も出現し，種子に代わって家紋が記載されるようになることから，仏教的要
素が希薄化して「家」意識が強まるという墓標造立に当たっての意識変化が見
られるとしている（上條1984）。

　以上のように，近世墓標については多種多様な類型があり，それには造立者
や製作者の被葬者に対する意識が込められている。そして，その変遷には，造
立当時の時代背景や造立者の意識など，様々な変化が含まれている。近世墓標
を資料として扱う研究は，宗教史や思想史だけでなく，経済史など，歴史全般
に関わる多様な研究に通じるものである。すなわち，既往の多くの研究者が提
起しているように，近世墓標は歴史全般を研究するうえで，重要な資料として
位置付けられるのである。

文　献

相川町史編纂委員会『佐渡相川の歴史』資料集 2　墓と石造物，1973.

愛甲昇寛「栄山寺一石五輪塔とその石材」『古代研究』30　元興寺文化財研究所，1987.

縣敏夫「烏八臼の墓標について」『野仏』第 8 号，1975.

縣敏夫「墓塔研究の回顧と展望（1）～（3）」『日本の石仏』42 ～ 44 号　日本石仏協会，1987.

縣敏夫「板碑にみる近世墓塔の源流」『日本の石仏』41 号，1987.

縣敏夫「墓塔研究関係文献目録」『日本の石仏』46 号　日本石仏協会，1988.

縣敏夫「近世墓塔の発生にみる形態について－江戸初期の屋弛型と板碑型－」『日本の石仏』115 号，
　　2005.

縣敏夫「近世墓塔における頭寺・下置字」『日本の石仏』117 号，2006.

縣敏夫「近世墓塔の地域性－近世墓塔の発生と地域性－」『月刊考古学ジャーナル』573 号　ニュー
　　サイエンス社，2008.

赤松秀雄「一石五輪塔雑感（上）（下）」『史迹と美術』43 巻 1 号・2 号，1973a.

赤松秀雄「一石五輪塔の一手法」『史迹と美術』43 巻 10 号，1973b.

秋池武「近世近代牛伏砂岩の利用について－牛伏砂岩製墓標－」『東国史論』第 4 号　群馬考古学
　　研究会，1989.

秋池武「天保二年の「御触書」（墓石制限令）と墓石造営について－桐生市浄運寺墓石の場合－」『近
　　藤義雄先生卒寿記念論集』　近藤義雄先生卒寿記念論集刊行会，2010.

秋池武「近世の墓と石材流通」　高志書院，2010.

昭島市史編さん委員会『昭島市史』資料編　板碑と近世墓，1976.

秋吉吉次郎「「烏八臼」に就て」『上毛及上毛人』258 号，1938.

朝地町教育委員会「町墳墓群」（大分県朝地町地区遺跡群発掘調査報告書Ⅲ），1997.

阿諏訪青美，長谷川裕子「日根荘入山田の石造物 1・2」『泉佐野市史研究』6・7 号，2000・2001.

安達五男「霊標に刻まれた死者の系図－丹波・但馬の墓石調査から－」『武庫川教育』12 巻 2 号，
　　1979.

厚木市教育委員会『長福寺墓石調査報告書』（厚木市博物館資料集 No.16），1997.

甘木市教育委員会『黒川黒松近世墓』（甘木市文化財調査報告第 66 集），2005.

天岸正男・奥村隆彦『大阪金石志』　三重県郷土資料刊行会，1973.

天岸正男「室町時代逆修供養塔造立の一方式」『歴史考古学』10 号　歴史考古学研究会，1983.

天岸正男「石材の徴発「禁制」史料」『歴史考古学』16 号　歴史考古学研究会，1985.

天沼俊一「栄山寺石塔」『奈良県史跡勝地調査会報告第一回』　奈良県，1913.

天沼俊一「奈良県金石年表」（第 3 回・第 5 回奈良県史蹟勝地調査会報告書別冊）奈良県，1916・
　　1918.

新井徹「田喜野井町正法寺境内墓地の墓石について　墓制研究に関する基礎資料の調査」『船橋市
　　郷土資料館紀要』1，1978.

荒木志伸「立石寺の霊場変遷と景観」『考古学雑誌』第 96 巻第 4 号，2012.

池上悟「下総型宝篋印塔について」『立正大学人文科学研究所年報』31 号，1994.

池上悟「ロンドンの墓地と墓石」『立正考古』33 号，1995.

池上悟「下総型宝篋印塔小考」『立正考古』第 35・36 号，1997.

池上悟「平成 10 年度・足利市域石造物所在調査報告」『平成 10 年度文化財保護年報』足利市教育
　　委員会，2000.

池上悟「近世墓石の諸相」『立正大学人文科学研究所年報』40 号，2003a.

池上悟「観福寺所在の伊能三郎右衛門家墓地」『佐原の歴史』第 3 号　佐原市教育委員会，2003b.

池上悟「日蓮宗墓石における頭書について」『立正史学』100 号，2006.

文　献

池上悟「石造塔婆研究の視点」『月刊考古学ジャーナル』573 号　ニューサイエンス社，2008.

池上悟「熊谷市域における廟墓の調査」『立正大学博物館年報』第 9 号，2011.

池上悟「近世石造物資料調査」『立正大学博物館年報』第 10 号，2012a.

池上悟『東日本における近世墓石の調査』，2012b.

池上悟『東日本における近世墓石の調査』2，2013.

池上悟『東日本における近世墓石の調査・3』，2014a.

池上悟「近世墓標の一形態－尖頂方形墓標の展開－」『立正大学大学院紀要』30 号，2014b.

池上悟「近世墓標の一様相」『日蓮教学教団史の諸問題』(松村壽巌先生古稀記念論文集　松村壽巌先生古稀記念論文集刊行会編，2014c.

池上悟「熊谷集福寺所在の吉田家墓所」『熊谷市史研究』第 6 号，2014d.

池上悟「埼玉県寄居町昌国寺所在の旗本水野石見守家墓所」『立正考古』52 号，2015.

池上悟「津和野藩主亀井家墓所における墓　石の様相」『考古学論究』18 号　立正大学考古学会，2016a.

池上悟「北関東地域における近世墓標の展開」『立正考古』53 号，2016b.

池上悟『東日本における近世墓石の調査・4』，2017a.

池上悟「東海地方における近世墓石の様相」『立正大学人文科学研究所年報』55 号，2017b.

池上悟「鳥取池田家における家老墓の様相」『立正大学文学部研究紀要』第 35 号，2019a.

池上悟『東日本における近世墓石の調査・6 －尖頂舟形墓標の展開－』，2019b.

池上悟「鳥府掃苔録」『立正考古』第 57 号，2020a.

池上悟「仙台藩の家臣墓」『立正大学大学院文学研究科紀要』第 36 号，2020b.

池上悟『東日本における近世墓石の調査・7 －尾張藩家臣団の墓石－』，2020c.

池上年「光背薄肉五輪の分布と海上交通」『三河史談』第 2 号，1949.

池上年「三河の板碑（上）（下）」『三河史談』第 3 号，第 4 号，1950.

池上年『石塔の形式から見た津具盆地』　岡崎石造美術研究所，1962.

池上年「石塔の形式から見た関東関西の境」『民間伝承』260 号，1963a.

池上年「新城地方の石塔の変遷」『新城市誌』　新城市，1963b.

池上年『古石塔の根元を求めて』　岡崎石造美術研究所，1966.

池上本門寺霊宝殿編『高崎屋と本寺寺：江戸の豪商高崎屋の歴史と信仰』　江戸の豪商高崎屋の歴史調査委員会，2018.

池尻篤「近世墓標の形式と階層性－武蔵国比企郡小川村の墓標を事例として－」『駒澤考古』28 号，2002.

池田奈緒子「信濃における近世墓石の一様相」『考古学論究』18 号　立正大学考古学会，2016.

池田谷久吉『食唐金矢倉家墓碑調査書』，1951.

井阪康二「国崎の葬制・墓制」『国崎』　川西市教育委員会，1975.

胆沢町教育委員会『胆沢ダム建設に伴う緊急民俗調査報告書』，1993.

石神裕之「近世庚申塔にみる流行型式の普及－江戸周辺における物質文化交流の復元への試み－」『歴史地理学』44 巻 10 号，2002.

石神裕之「石造遺物から読み解く歴史」『近世・近現代考古学入門－「新しい時代の考古学」の方法と実践－』　慶應義塾大学出版会，2007.

石川治夫「石仏・石神・石塔の形態と変遷－沼津地域における近世～近代の石造物について－」『沼津市史研究』第 7 号，1998.

石田茂作『日本仏塔の研究』　講談社，1969.

和泉大樹「一石五輪塔再考－近江における砂岩製一石五輪塔について」『摂河泉』会報　第 35 号，2006.

和泉大樹「砂岩製一石五輪塔に関する一考察－少林寺一石五輪塔群の調査から－」『日引』第 9 号，2007.

泉佐野市教育委員会『日根荘中世石造物調査報告書』, 2002.

泉佐野市史編さん委員会『佐野町場の民俗』(泉佐野市民俗調査報告書第3集), 2003.

伊勢中世史研究会『白米家墓地総合調査報告〜三重県伊勢市(天神丘)所在, 旧伊勢御師一族墓の調査〜』, 2015.

磯貝長吉「墓標文字「烏八臼」に憑れて」『郷土よこはま』56・57号 横浜市図書館, 1970.

磯野治司「武蔵国における近世墓標の出現と系譜」『考古学論究』18号 立正大学考古学会, 2016.

磯野治司「舟運で運ばれた大名墓の資材－荒川高尾河岸と牧野家の事例－」『近世大名葬制の基礎的研究』, 2018.

磯部淳一「高崎市における近世墓石の編年－墓石からみた近世－」『高崎市史研究』16号 高崎市史編さん専門委員会編, 2002.

市川市史編さん民俗部会編『地蔵山墓地調査報告書』(市川市史編さん民俗部会成果報告書1), 2014.

市川秀之「先祖代々墓の成立」『日本民俗学』230号, 2002.

市川秀之「墓標が語る宿場町の近世」『琵琶湖と地域文化－林博通先生退任記念論集－』, 2011.

市川秀之「南河内の新田村落における墓制の成立過程－墓標調査と墓制研究の接点－」『京都民俗』30・31合併号, 2013.

市村高男「一條家墓所調査報告書(東福寺本山・芬陀院, 廬山寺, 妙傳寺) 石造物研究による中世日本文化・技術形成過程の再検討－東アジア交流史の視点から－(科学研究費助成金 基盤研究(A)研究代表者：市村高男 16 H 01947), 2019.

伊東市教育委員会『伊東市の石造文化財』(伊東市史調査報告書第2集), 2005.

伊藤裕偉「中世末期南伊勢の板碑」『ふびと』第65号 三重大学歴史研究会, 2014.

稲竹町教育委員会『稲竹町の近世墓標－愛知県北設楽郡稲竹町近世墓標調査資料集－』, 1997.

犬童敏春「願成寺六坊の墓碑調査について」『ひとよし歴史研究』, 第2号, 1999.

井之口章次『仏教以前』 古今書院, 1954.

今尾文昭「墓郷形成の前提」『地域社会と基礎信仰』(国立歴史民俗博物館研究報告)第112集) 国立歴史民俗博物館, 2004.

今岡稔「山陰の石塔二三について」『島根考古学会誌』第13集 島根考古学会, 1996.

今岡稔「宍道町知原遺跡Ⅰ区の石塔および石屋形について」『宍道町歴史叢書』4 宍道町教育委員会, 1999.

今野春樹「キリシタン考古学の現状と課題」『月刊考古学ジャーナル』600号 ニューサイエンス社, 2010.

入来町教育委員会『入来町内文化財分布調査概報2』(入来町文化財調査報告書2), 1988.

岩本教之「英彦山大河辺山伏墓地から見た英彦山修験社会の構造」『月刊考古学ジャーナル』430号 ニューサイエンス社, 1998.

上垣幸徳「京のキリシタン 京都市内出土のキリシタン墓碑とキリスト教徒の動向に関する覚書」『滋賀県文化財保護協会紀要』5号, 1992.

上垣幸徳「湖東地域の浮彫五輪塔－その変遷と年代－」『(財)滋賀県文化財保護協会 紀要』第20号, 2007.

上野裕紀・渡辺啓太「墓と葬送－川西町の近世〜現代の墓標から－」『山形県川西町調査報告書Ⅱ地域研究の方法と課題』(平成21年度岡田ゼミナール研究年報) 東北福祉大学総合福祉学部岡田ゼミナール, 2010.

宇佐市教育委員会「虚空蔵寺遺跡Ⅲ区」『一般国道10号宇佐別府道路建設に伴う埋蔵文化財発掘調査報告書』, 1995.

臼杵市教育委員会『下藤地区キリシタン墓地』, 2016.

内田大輔「宝瓶三茎蓮文様を配す石龕部材－大阪府交野市の事例より－」『交野市の石造文化財Ⅱ－郡津・森・傍示・星田地区編－』 交野市教育委員会, 2006.

文　献

梅原末治「河内に於ける金石文の四五」『考古学雑誌』第 5 巻第 4 号，1914.

遠藤和男「墓塔における墓標仏の変遷」『日本の石仏』118 号　日本石仏協会，2006.

大石一久「本経寺大村家石塔群」『大村史談』55，2004.

大石一久「キリシタン墓碑」『月刊考古学ジャーナル』600 号　ニューサイエンス社，2010.

大分県教育委員会『若杉遺跡・机張原女狐近世墓地』，1987.

大分県教育委員会『妙見坂遺跡（北地区）　小坂遺跡　広瀬遺跡　飯田二反田遺跡』（一般国道 10 号宇佐別府バイパス道路建設に伴う埋蔵文化財発掘調査概報Ⅲ），1991a.

大分県教育委員会『笠松・桐ヶ迫・峯添遺跡』（一般国道 10 号宇佐バイパス建設に伴う埋蔵文化財発掘調査概報Ⅳ），1991b.

大分県教育委員会『桐ヶ迫・峯添遺跡』（国道 10 号宇佐道路埋蔵文化財発掘調査報告 2），1994.

大分県教育委員会『後藤家墓地』『日田市高瀬遺跡群の調査』1，1995.

大分県教育委員会『女狐近世墓地－大分市高崎所在女狐集落近世共同墓地の調査－』（九州横断自動車道関係調査報告書 5），1996.

大分県教育委員会『中尾近世墓地－国道 10 号線旦の原交差点拡幅に伴う埋蔵文化財発掘調査報告書－』，1999.

大分県教育委員会『玉沢地区条里跡　ガランジ地区　茨川原近世墓地　田仲地地区』（大分県文化財調査報告書 105），2000a.

大分県教育委員会『小野家墓地－大分県速見郡山香町榑原所在の近世・近代墓地－』，2000b.

大分県教育委員会『千塚西遺跡』（大分県文化財調査報告書 108），2000c.

大分県教育委員会『尾崎遺跡　清水遺跡　新田遺跡　川野遺跡　久木小野遺跡　平岩遺跡（東九州自動車道関係埋蔵文化財発掘調査報告書（3））』（大分県文化財報告書 137），2002.

大分県教育庁『嶋ノ町遺跡 1 次，2 次　香紫庵遺跡　灰床遺跡　池ノ下・能元遺跡　今成近世墓虚空蔵寺遺跡（東九州自動車道（県境～宇佐間）建設事業に伴う埋蔵文化財発掘調査報告書（2））』（大分県教育庁埋蔵文化財センター調査報告書第 79 集），2015.

大分県立宇佐風土記の丘歴史民俗資料館『豊後田染荘』（国東半島荘園村落遺跡詳細分布調査概報），1983.

大分県立宇佐風土記の丘歴史民俗資料館『豊後国田染荘の調査Ⅰ』（大分県宇佐風土記の丘歴史民俗資料館報告書第 3 集），1986.

大分県立宇佐風土記の丘歴史民俗資料館『豊後国田染荘の調査Ⅱ』（大分県宇佐風土記の丘歴史民俗資料館報告書第 6 集），1987.

大分県立宇佐風土記の丘歴史民俗資料館『智恩寺』（宇佐風土記の丘歴史民俗資料館報告 9），1992.

大分県宇佐風土記の丘歴史民俗資料館『豊後国都甲荘の調査　本編』（大分県宇佐風土記の丘歴史民俗資料館報告書第 11 集），1993.

大分県立宇佐風土記の丘歴史民俗資料館『六郷山寺院遺構確認調査報告書Ⅳ』（（宇佐風土記の丘歴史民俗資料館報告 17），1996.

大分県立宇佐風土記の丘歴史民俗資料館『六郷山寺院遺構確認調査報告書Ⅵ』（宇佐風土記の丘歴史民俗資料館報告 20），2000.

大分県立歴史博物館『豊後国香々地荘の調査　本編』（大分県立歴史博物館報告書第 1 集），1999.

大分市歴史資料館『壇ノ下共同墓地』『大分市歴史資料館ニュース』47 号，1999.

大阪狭山市史編さん委員会・大阪狭山市立郷土資料館編『大阪狭山市史』第 7 巻　別巻　石造物編，2006.

大阪府教育委員会『寛弘寺遺跡発掘調査概報・ⅩⅢ』，1994.

大阪府埋蔵文化財協会『ミノバ石切場跡』，1988.

大田村教育委員会『波多方の歴史（豊後国田原別符の調査Ⅲ）』（大田村文化財調査報告書第 3 集），1995.

大塚活美「畿内・近国の中世石造物」『京都文化博物館研究紀要』第 3 集　京都文化博物館，1990.

大塚美沙登「近世墓標の考古学的研究－東京都大田区万福寺を事例に－」『立正考古』51 号，2014.

大塚統子「陸奥国西磐井五串村本寺の石造物」『栃木史学』20 号，2006.

大貫英明「分布から見た近世村の景観－下九沢村民の所有地と墓地の分布から」『研究報告』第 3
　　集　相模原市教育委員会博物館建設事務所，1994.

岡田正彦「南信州の石造五輪塔の変遷」『飯田市美術博物館研究紀要』20，2010.

岡寺良「宝満山近世墓碑銘にみる墓地と坊跡の平面構造」『年報太宰府学』5　太宰府市市史資料室，
　　2011.

岡本桂典「土佐・吹越近世墓」『月刊考古学ジャーナル』182 号，1980.

岡本桂典「土佐十和村の墓標について」『立正史学』59 号，1986.

岡本桂典「東京池門本願寺の墓標調査（予報）」『考古学研究室彙報』24，1988.

小川浩「墓塔が語る村落の歴史と文化－粟野地区の事例を中心に－」『鎌ヶ谷市史研究』16 号　鎌ヶ
　　谷市郷土資料館，2003.

小川町『小川町の墓石調査報告－青石墓石を中心にして－』（小川町の歴史調査報告），2000.

奥河内石造物研究会『河内長野市石見川墓地調査報告書』，2018.

尾崎聡「岡山の中世石塔（含 近世初頭）の特色と民俗学的諸問題－備中コゴメ石・備前豊島石の異
　　形石塔，和泉砂岩の一石五輪塔，花崗岩の畿内式石塔などをめぐって－」『宗教民俗研究』8 巻 43 号，
　　1998.

小澤秀之「甲府にみられる墓碑・墓石の変遷」『甲府市史研究』3　甲府市史編さん委員会，1986.

小股昭「墓塔から見た横浜市港北区新吉田町の近世村落について」『都築・橘樹地域研究』　都築・
　　橘樹研究会編，2012.

海津一朗，梅田志保，岩本茉莉「和歌山市田屋阿弥陀寺墓地の石造物調査－一石五輪塔を中心に」
　　『和歌山大学教育学部紀要．人文科学』57，2007.

海津一朗「和歌浦・愛宕山の石造物調査－近世和歌山城下町災害史研究事始め－」『和歌山大学教
　　育学部紀要・人文科学』63，2013.

海邉博史「河内・和泉・紀伊・大和における中世墓終焉の状況」『中世墓終焉と石造物』（第 13 回
　　中世葬送墓制研究会資料），2018.

海邉博史「葛城地域における中世墓の終焉」『和の考古学－藤田和尊さん追悼論文集－』，2019.

橿原市教育委員会「近世国分寺について」『平成 16（2004）年度　橿原市文化財調査年報』，2006.

鹿島町役場『鹿島町史（石動山資料編）』鹿島町史編纂委員会，1986.

片岡弘至「観龍寺墓石調査　近世墓に関する若干の考察」『倉敷の歴史　倉敷市史紀要』3　倉敷市
　　史研究会，1993.

片岡瑠美子『キリシタン墓碑の調査－その源流と型式分類のための再調査－』（平成 20 年度～平成
　　23 年度科学研究費補助金基盤研究（B）研究成果報告書）　長崎純心大学，2012.

合角ダム水没地域総合調査会『秩父合角ダム水没地域総合調査報告書』下巻，1996.

「かつしかの石造物」調査団『葛飾区の墓碑－近世を中心に』　葛飾区教育委員会，2000.

勝田至「文献から見た中世の共同墓地」『中世社会と墳墓』　名著出版，1993.

勝田至編『日本葬制史』　吉川弘文館，2012.

かつらぎ町文化財調査検討委員会『かつらぎ町金石文調査報告書』，2014.

加藤和徳「上山市の墓石－江戸時代前期の墓石を中心に－」『日本の石仏』41 号，1987.

加藤久雄・野村俊之・白濱聖子・藤本新之介「五島列島の潜伏キリシタン墓の研究（旧木の口墓所
　　調査）」『地域総研紀要』12 巻 1 号，2014.

金ヶ崎町中央生涯教育センター『狐森遺跡』　金ヶ崎町教育委員会，1991.

金ヶ崎町中央生涯教育センター『魂の家』（平成 4 年度企画展図録），1992.

金ヶ崎町中央生涯教育センター『摩知田遺跡』　金ヶ崎町教育委員会，1998.

かながわ考古財団『上行寺裏遺跡（六浦二丁目 3 番地近世墓群）』（かながわ考古財団調査報告
　　272），2011.

文　献

金沢市『野田山墓地』（金沢市文化財紀要 200），2003.

金沢市『野田山・加賀八家墓所調査報告書』（金沢市文化財紀要 280），2012.

金丸義一・橋口定志「東淵寺墓地の調査」『立教大学博物館学研究室調査報告』25，1984.

兼子順「北武蔵における大名・旗本の菩提所の成立と移動」『埼玉県史研究』第 22 号，1988.

金子智一「高崎市周辺における近世石堂・四十九院について」『高崎市史研究』19 号，2004.

金子智一「近世石堂と清浄心院上野国供養帳について－玉田寺に残る墓石をもとに－」『群馬文化』290 号，2007a.

金子智一「寛永初年号を持つ石堂について－近世石堂への漸移形態として－」『群馬考古学手帳』17　群馬土器観会，2007b.

金子智一「近世墓石に関する一考察－慈願寺における調査を中心に－」『群馬文化』299 号，2009.

金子弘「ウハッキウの教え」『日本の石仏』第 98 号，2001.

金子浩之「元禄津波流死者の墓石と戒名」『石造文化財』第 5 号　石造文化財調査研究所，2012.

河北地区教育委員会『小泊遺跡』，1986.

蒲池勢至「「無墓制」と真宗の墓制」『国立歴史民俗博物館研究報告』第 49 集，1993.

鎌田雅夫「花巻地方の墓地探訪」『花巻市文化財調査報告』13，1987.

上條陽子「近世墓塔の変遷－新座市善光明寺墓地における一分析－」『フォーラム』2 号　跡見学園女子大学文化学会，1984.

櫃本亀生「慶長末年以前の梵鐘を読む　梵鐘から墓標へ」『考古学』第 10 巻 11 号，1939.

河合修「近世墓標の展開と変化」『焼津市史研究』第 8 号，2007.

川勝政太郎「石塔と墓碑」『日本考古学講座』7 巻，1956.

川勝政太郎『日本石材工芸史』，1957.

川勝政太郎「栄山寺一石五輪塔のこと」『史迹と美術』第 321 号，1962.

川勝政太郎「墓塔の造立」『新版考古学講座』第 6 巻　雄山閣，1970.

川崎喜久男「房総における算学の展開－墓碑石資料を通してみる」『国立歴史民俗博物館研究報告』97 集　国立歴史民俗博物館編，2002.

川崎利夫「山形県内の一石五輪塔と背光五輪塔」『さあべい』23 号，2007.

川崎利夫「一石五輪塔と堂形塔婆・墓塔－米沢地域の特異な墓塔－」『さあべい』25 号，2009a.

川崎利夫「村の墓序論」『村山民俗』23，2009b.

川崎利夫「村の墓を歩く」『郷土てんどう』38，2010.

川崎利夫「南陽市三間通周辺の古墓地を歩く」『うきたむ考古』16，2012a.

川崎利夫「中世墓から近世墓標の成立と展開」『山形考古』42 号，2012b.

川崎利夫「石造物の時期判別について─板碑・五輪塔の編年を中心に─」『山形考古』43 号，2013a.

川崎利夫「山形県内の宝篋印塔と宝篋印塔型墓標について」『さあべい』28 号，2013b.

河内長野市遺跡調査会『上原遺跡　塚穴古墳』，1998.

元興寺文化財研究所『日本仏教民俗基礎資料集成』第 4 巻，1977.

元興寺文化財研究所『国東仏教民俗資料調査概報』，1980.

元興寺文化財研究所『高野山発掘調査報告書』，1982.

神田高士「下藤地区共有墓地の発掘調査と 16・17 世紀のキリシタン墓地」『大分県地方史』第 214 号，2012.

神林幸太朗「埼玉県熊谷市上中条地域の近世墓石」『立正考古』53 号，2016.

環 8 光明寺地区遺跡調査会編『環 8 光明寺地区遺跡調査報告書Ⅰ』，1997.

菊田清一「墓地および墓石に関する一考察」『日本の石仏』43 号　日本石仏協会，1987.

岸和田市教育委員会『平成 26 年度発掘調査概要』（岸和田市文化財調査概要 41），2015.

北九州市教育文化事業団埋蔵文化財調査室『京町遺跡 3』（北九州市埋蔵文化財調査報告書 147），1994a.

北九州市教育文化事業団埋蔵文化財調査室『京町遺跡 5』(北九州市埋蔵文化財調査報告書 149),
　1994b.

北九州芸術文化振興財団埋蔵文化財調査室『宗林寺墓地跡－東九州自動車道建設工事に伴う埋蔵文
　化財発掘調査報告 9－』, 2004.

北郷泰道「烏八臼－使用下限を示す新資料について－」『宮崎考古』第 8 号　宮崎考古学会, 1982.

北野隆亮「根来寺における中世後期の石造物」『摂河泉文化資料』第 42・43 号　摂河泉地域史研究会,
　1993.

北野隆亮「一石五輪塔からみた中世根来寺の山内と山外」『日引』第 2 号, 2001.

北野隆亮「根来寺における中世石造物の成立と展開」『和歌山県立博物館研究紀要』第 9 号, 2003.

北野隆亮「地域における石造物研究の現状と課題－和歌山県の事例から－」『中世の系譜　東と西,
　北と南の世界』, 2004.

北野隆亮「紀伊の一石五輪塔－紀ノ川流域を中心に」『日引』第 9 号, 2007.

北野隆亮「? 田荘と地域の石造物」『特別展　紀伊国? 田荘と文覚井』　和歌山県立博物館, 2013.

北村和寛「江戸から青梅街道への物資輸送－鋳物と石造物を例に－」『交通史研究』47, 2001.

北本市教育委員会『北本市石造遺物所在目録 1 ～ 3』(北本市文化財調査報告書　第 14 ～ 16 集),
　1985・1986・1990.

北脇義友「岡山市東山墓地における儒葬墓－江戸時代前期を中心にして－」『石造文化財』第 7 号
　石造文化財調査研究所, 2015.

北脇義友「17 世紀儒教を信奉した村－旧邑久郡の儒葬墓から－」『石造文化財』第 8 号　石造文化
　財調査研究所, 2016.

城戸誠「稲荷谷近世墓群の調査成果と特徴」『月刊考古学ジャーナル』464 号, 2000.

木戸正『ふるさとの文化遺産』第 1・5 集, 1989・1990.

木下浩良「高野山最古の在銘一石五輪塔」『史迹と美術』55 巻 7 号, 1985.

木下浩良「高野山一石五輪塔にみられる朱書・朱入の銘文について」『仏教学会報』16 号　高野山
　大学仏教学会, 1991.

木下浩良「高野山一石五輪塔銘文集」『仏教学会報』17 号　高野山大学仏教学会, 1992a.

木下浩良「高野山一石五輪塔の概要について」『関西中近世考古』Ⅱ, 1992b.

木下浩良「高野山一石五輪塔の研究－新出の水野貞守の一石五輪塔を中心として－」『密教学研究』
　26 号　日本密教学会事務局, 1994.

木下密運「元興寺極楽坊板碑群の調査研究－その形式的変遷を中心として－」『元興寺仏教民俗資
　料研究所年報 1967 年』, 1967.

木下密運「坪井良平先生と墓標研究」『坪井清足先生卒寿記念論文集－埋文行政と研究のはざまで－』
　下巻, 2010.

京田良志「松前家墓所の成立と越前石－越前石文化の北伝－」『松前藩と松前』1973.

京田良志「北海道・東北の越前石文化」『日本の石仏』60, 1991.

京丹後市立丹後古代の里資料館『上山寺の文化財』(平成 17 年度丹後古代の里資料館春期企画展),
　2005a.

京丹後市立丹後古代の里資料館『石塔から墓石へ～中世墓から近世墓へ』(平成 17 年度丹後古代の
　里資料館秋期企画展), 2005b.

京都府市町村教育委員会連合会『墓石ができるまで～中世墓地の展開と近世墓地の成立～』(第 25
　回京都府埋蔵文化財研究会発表資料集), 2017.

京都府埋蔵文化財調査研究センター「寺町旧域・法成寺跡」『京都府遺跡調査報告集』第 172 冊,
　2018.

金融財政事情研究会・新宿区南元町遺跡調査会『發昌寺跡』, 1991.

久喜市教育委員会編『久喜市指定文化財「旗本内藤家歴代の墓所（宝篋印塔ほか）・「善宗寺嘉永三
　年銘宝篋印塔及び宝塔記碑」調査報告書』, 2012.

文　献

朽木量「近世墓標の形態変化と石材流通－淀川・木津川流域を中心に－」『民族考古』2号，1994.

朽木量「近世墓標とその地域的・社会的背景－山城国木津郷梅谷村の事例－」『史学』第61巻第1号　三田史学会，1996.

朽木量「墓石から読む歴史学」『三色旗』597号，1997.

朽木量「近世墓標研究におけるプラチック考古学の試み」『メタ・アーケオロジー』創刊号，1999a.

朽木量「近世墓地・墓標研究と空間構造」『情報祭祀考古』15号，1999b.

朽木量「墓標の考古学的分析からみた近世前期の採石活動－奈良在地石材の消長と南山城における墓標の地域的差異－」『史学』第69巻第3・4号　三田史学会，2000.

朽木量「近世墓標からみた京都府南山城地域の社会的繋がり」『帝京大学山梨文化財研究所研究報告』10，2002.

朽木量「奈良県旧磯城郡上之郷村六邑の墓制－「郷墓」の理解に向けて－」『近畿地方における中・近世墓地の基礎的研究』，2001a.

朽木量「近世墓地の統計学的分析による墓地空間の利用順序の復元－墓地・墓標の現象学的な理解に向けて－」『民族考古』5号，2001b.

朽木量「物質文化研究における「領有/流用」概念の展開－墓標形態・図案にみる折衷・転用」『メタ・アーケオロジー』3，2003a.

朽木量「光沢を持つ墓標の普及と墓標に対する価値観の変化－墓標加工技術の受容についての試論－」『メタ・アーケオロジー』4，2003b.

朽木量「墓標からみた近世の寺院墓地」『地域社会と基礎信仰』（国立歴史民俗博物館研究報告）第112集）　国立歴史民俗博物館，2004a.

朽木量『墓標の民俗学・考古学』　慶応義塾大学出版，2004b.

朽木量「畿内における花崗岩と和泉石の流通論　近世墓標の分析から」『関西近世考古学研究』13，2005.

朽木量「民俗学・民具学・物質文化研究と近現代考古学」『近世・近現代考古学入門－「新しい時代の考古学」の方法と実践－』　慶應義塾大学出版会，2007.

朽木量「近世墓標研究の成果と総合的な墓制研究への期待」『墓制・墓標研究の再構築－歴史・考古・民俗学の現場から－』　岩田書院，2010.

窪田涼子「墓標が語る時国家の女性」『奥能登と時国家』研究編1，1994.

久保常晴「烏八臼」『考古学雑誌』第31巻第1号，1941.

久保常晴「墓標・位牌に見る中世の頭書」『古事類苑月報』34 礼式部　第2編，1970.

久保常晴「所謂烏八臼の諸型態について」『立正史学』第42号，1978.

求麻郷土研究会「石清水墓地調査報告」『郷土』第32号，2008a.

求麻郷土研究会「東林寺南側墓地調査」『郷土』第32号，2008b.

熊本県教育委員会『おさき墓地古塔碑群：中・近世墓の調査』（熊本県文化財調査報告第36集），1979.

熊本県教育委員会『蔵城（くらんじょう）遺跡』（熊本県文化財調査報告第172集），1999.

熊本県教育委員会『太郎丸遺跡　西屋敷遺跡　瀬萩遺跡』（熊本県文化財調査報告250集），2009.

熊本大学文学部日本史研究室『石は語る』（下益城郡中央町金石文遺物調査報告書Ⅰ），2003.

黒井恕堂「烏八臼の研究及び鵤，瓰，鴾，鴞等に就て」『考古学雑誌』第14巻第3号，1923.

庚申懇話会編『日本石仏事典』，1975.

庚申懇話会・石川博司・縣敏夫・平野榮次・清水長明『石仏調査ハンドブック』，1981.

幸田町教育委員会『愛知県額田郡幸田町　深溝松平家菩提寺　瑞雲山本光寺文化財調査総合報告』（幸田町社寺文化財調査報告第2集），2013.

高知市教育委員会『森田久右衛門墓所及び小高坂山森田家墓所－』（高知市文化財調査報告書第26集），2004.

鴻巣市史編さん調査会『鴻巣市の石造物2（鴻巣・笠原地区）』，2003.

国立歴史民俗博物館『共同研究「中世荘園の現地調査－太田荘の石造遺物」』（国立歴史民俗博物館研究報告第9集），1986.

国立歴史民俗博物館『筆子塚資料集成－千葉県・群馬県・神奈川県－』（「非文献資料の基礎的研究（筆子塚）」報告書），2001.

小暮慶明「三浦市松輪福泉寺の海難者の墓塔について」『御浦』第13号　三浦文化研究会，1997.

小座間直人・荒木志伸「天童市域における近世墓標の様相」『さあべい』22号，2006.

後藤明「「ことば」と「かたち」の狭間で－歴史考古学的資料としての墓石と多民族社会における文字表象について－」『物質文化』59，1995.

後藤守一『墳墓の變遷』　雄山閣，1932.

小林大二『小県郡依田窪被差別部落の墓標－調査報告書』，1980a.

小林大二「部落の墓標－長野県小県郡依田窪の例」『部落解放』153号　解放出版社，1980b.

小林大二「部落と浄土真宗－長野県上田市付近の墓標調査から」『部落解放』185号　解放出版社，1982.

小林大二『差別戒名の歴史』　雄山閣，1987.

小林保男「碑文は語る　教徳寺井上家の墓石・大善寺石坂供養塔をめぐって」『板橋区立郷土資料館紀要』8（1989年度版）　板橋区立郷土資料館，1990.

小林義孝「墓塔の成立過程」『中世の系譜（考古学と中世史研究）』，2004.

五味克夫「市来町大里来迎寺墓塔群」『鹿児島県文化財調査報告書』第14集　鹿児島県教育委員会，1967.

米谷博「性学墓について（1）（2）」『民具マンスリー』第30巻第11・12号，1998.

小柳和宏「墓地からみた家の動き」『豊後国都甲荘』4（国東半島荘園村落遺跡詳細分布調査概報），1991.

此経啓助「神道式墳墓とは何か（1）～（13）」『日本大学芸術学部紀要』42～54号，2005～2011.

近藤義雄「小学校児童の調べた民衆自覚史」『歴史教育』第5巻第1号　歴史教育研究会編　日本書院，1957.

斎木勝「近世の宝篋印塔－佐原市観福寺塔, 市原市龍渓寺塔他－」『研究連絡誌』第7・8合併号　（財）千葉県文化財センター，1984.

斎藤忠『墳墓』（日本史小百科4）　近藤出版社，1978.

斎藤忠『撰要寺墓塔群』　斎藤考古学研究所，1982.

斎藤忠「墓と仏教」『祖先祭祀と葬墓（仏教民俗学大系4）』　名著出版，1988.

坂重吉「岩屋寺薄肉彫五輪塔」『尾張の遺跡と遺物』第39号，1942.

坂井隆「長崎悟真寺の唐人墓地　近世の日本・東南アジア交流の足跡」『九州考古学』76　九州考古学会，2001.

佐賀県教育委員会『東畑瀬遺跡3－嘉瀬川ダム建設に伴う埋蔵文化財発掘調査報告6－』（佐賀県文化財調査報告第190集），2011.

坂田友宏「大山町門前の近世墓地」『伯耆文化研究』9号，2007.

坂詰秀一「仏教考古学資料の調査法」（1）～（8）『歴史公論』第2巻第4号～第11号，1976.

坂詰秀一『仏教考古学調査法』　ニューサイエンス社，1978.

坂詰秀一「中山法華経寺の墓塔・墓標」『中山法華経寺誌』，1981a.

坂詰秀一「中山法華経寺の近世墓標」『石塔工芸』昭和56年1月号，1981b.

坂詰秀一編『板碑の総合研究』1（総論編）・2（地域編），1983.

坂詰秀一「墓制の変遷史」『祖先祭祀と葬墓（仏教民俗学大系4）』　名著出版，1988.

坂詰秀一「中・近世墓標研究の回顧と展望」『月刊考古学ジャーナル』288号　ニュー・サイエンス社，1988.

坂詰秀一編『歴史考古学の問題点』　近藤出版社，1990.

坂詰秀一「石造物と中世史」『歴史と宗教の考古学』，2000.

坂詰秀一編『池上本門寺近世大名家墓所の調査』　池上本門寺奉賛会，2002.

坂詰秀一編『池上本門寺奥絵師狩野家墓所の調査』　池上本門寺，2004.

坂詰秀一「「石造美術」から「石造物」へ」『月刊考古学ジャーナル』573号　ニューサイエンス社，
　2008a.

坂詰秀一編『天下長久山安穏寺　貞龍院殿妙經日敬大姉墓所の調査』　天下長久山國土安穏寺，
　2008b.

坂詰秀一編『不變山永壽院　芳心院殿妙英日春大姉墓所の調査』　不變山永壽院，2009.

坂詰秀一「キリシタン考古学の回想」『月刊考古学ジャーナル』600号　ニューサイエンス社，2010.

坂詰秀一監修『近世大名墓所要覧』（考古調査ハンドブック4）　ニューサイエンス社，2010.

坂詰秀一監修『石造文化財への招待』（考古調査ハンドブック5）　ニューサイエンス社，2010.

坂詰秀一・松原典明編『近世大名墓の世界』，2013.

坂戸市教育委員会『坂戸風土記（坂戸市史調査資料第13号）』，1988.

坂本道夫「阿波藍商人「大坂屋庄三郎」の江戸進出とその動向」『品川歴史館紀要』，2010.

坂本美夫「山梨県における中・近世石塔資料」『山梨県立考古博物館・山梨県埋蔵文化財センター
　研究紀要』17号，2001.

狭川真一『中世墓の考古学』，2011.

狭川真一『和歌山県高野町高野山　明王院一石五輪塔調査報告書』（科学研究費補助金　「日本中世
　における葬送墓制の総括的研究」），2019.

桜井市教育委員会『奈良県桜井市多武峰念誦崛地区の研究－増賀上人墓及び中・近世石塔群の調査－』，
　2011.

櫻井成昭「真宗門徒の墓地と墓碑－西国東郡香々地町宗永墓地について」『大分県立博物館研究紀要』
　5号　大分県立博物館編，2004a.

櫻井成昭「ムラの仏堂と墓地」『豊後国安岐郷の調査　本編』　大分県立歴史博物館，2004b.

佐藤亜聖「熊野灘沿岸地域を中心とした中世・近世葬送墓制の研究（平成18～20年度科学研究費
　補助金研究成果報告書）」，2008.

佐藤亜聖「伊丹市内一石五輪塔の編年」『兵庫県伊丹市有岡城跡発掘調査報告書18－伊丹市埋蔵文
　化財調査報告書第41集－』　伊丹市教育委員会，2014.

佐藤敦美・荒木志伸「山形県天童市佛向寺墓地における宗派別戒名の使用傾向と時期的変遷」『さ
　あべい』24号，2008.

佐藤米司「自然石の墓地－岡山県苫田郡上斎原村の事例を中心として－」『民俗の歴史的世界（御
　影史学研究会民俗学叢書7）』　岩田書院，1994.

座間市文化財調査委員会『座間の石造物5（墓塔編）』　座間市教育委員会，1998.

狭山市教育委員会『狭山の旗本　小笠原家調査報告書』（狭山市文化財調査報告第27集），2007.

滋賀県立大学人間文化学部地域文化学科市川研究室『石部・善隆寺墓地の調査　石部・善隆寺墓地・
　墓標悉皆調査報告書』（滋賀県立大学民俗叢書2），2010.

設楽博己・村木二郎・村木志伸「奈良県山辺郡・宇陀郡の五輪塔調査」『大和における中・近世墓
　地の調査』（『国立歴史民俗博物館研究報告』第111集）　国立歴史民俗博物館，2004.

品川区教育委員会『平成20年度品川区文化財調査報告書』，2009.

芝田悟「野田山墓地の石造物　石廟と廟内の墓石を中心にして」『野田山・加賀藩主前田家墓所調
　査報告書』（金沢市文化財紀要250）　金沢市埋蔵文化財センター，2008.

島根県教育委員会『石見銀山遺跡総合調査報告書第3冊　城跡調査・石造物調査・間歩調査編』，
　1993.

島根県教育委員会・大田市教育委員会『石見銀山－妙正寺跡』（石見銀山遺跡石造物調査報告書1），
　2001.

島根県教育委員会・大田市教育委員会『石見銀山－龍昌寺跡』（石見銀山遺跡石造物調査報告書2），
　2002.

島根県教育委員会・大田市教育委員会『石見銀山－安養寺・大安寺跡・大龍寺跡・奉行代官墓所外』（石見銀山遺跡石造物調査報告書 3），2003.

島根県教育委員会・大田市教育委員会『石見銀山－長楽寺跡・石見銀山附地役人墓地（河島家・宗岡家）』（石見銀山遺跡石造物調査報告書 4），2004.

島根県教育委員会・大田市教育委員会『石見銀山－分布調査と墓石調査の成果』（石見銀山遺跡石造物調査報告書 5），2005.

島根県教育委員会・大田市教育委員会『石見銀山－温泉津地区恵珖寺墓地』（石見銀山遺跡石造物調査報告書 6），2006.

島根県教育委員会・大田市教育委員会『石見銀山－温泉津地区の石造物分布調査と西念寺墓地悉皆調査（1）』（石見銀山遺跡石造物調査報告書 7），2007.

島根県教育委員会・大田市教育委員会『石見銀山－温泉津地区の石造物分布調査と西念寺墓地悉皆調査（2）』（石見銀山遺跡石造物調査報告書 8），2008.

島根県教育委員会・大田市教育委員会『石見銀山－西念寺墓地（3）・安原備中墓・大光寺墓地』（石見銀山遺跡石造物調査報告書 9），2009.

島根県教育委員会・大田市教育委員会『石見銀山－金剛院墓地・本谷地区周辺・中正路の石造物』（石見銀山遺跡石造物調査報告書 10），2010.

島根県教育委員会・大田市教育委員会『石見銀山－極楽寺墓地・温泉津沖泊道周辺の石造物・銀山地区』（石見銀山遺跡石造物調査報告書 11），2011.

島根県教育委員会・大田市教育委員会『石見銀山－仙ノ山，石銀地区墓Ⅲの調査』（石見銀山遺跡石造物調査報告書 12），2012.

島根県教育委員会・大田市教育委員会『石見銀山－大谷地区，本経寺墓地の調査』（石見銀山遺跡石造物調査報告書 13），2013.

島根県教育委員会・大田市教育委員会『石見銀山－栃畑谷地区字甚光院の石造物調査』（石見銀山遺跡石造物調査報告書 14），2014.

島根県教育委員会・大田市教育委員会『石見銀山－石銀地区墓Ⅰ・墓Ⅱ東・墓Ⅲ東・墓Ⅳ・墓Ⅴの石造物調査；栃畑谷地区字甚光院の石造物調査』（石見銀山遺跡石造物調査報告書 15），2015.

島根県教育委員会・大田市教育委員会『石見銀山－昆布山谷地区　妙本寺上墓地 E 地点・G 地点虎岸寺跡の石造物調査』（石見銀山遺跡石造物調査報告書 16），2016.

島根県教育委員会・大田市教育委員会『石見銀山－昆布山谷地区　妙本寺上墓地 A 地点の石造物調査』（石見銀山遺跡石造物調査報告書 17），2017.

島根県教育委員会・大田市教育委員会『石見銀山－昆布山谷地区　妙本寺上墓地 B・C・D・F・H 地点』（石見銀山遺跡石造物調査報告書 18），2019.

島根県文化財愛護協会『石見銀山遺跡総合整備計画策定関連　石見銀山関係資料，関係遺跡分布調査報告書』，1986.

嶋村薫「北武蔵における近世墓標の様相－騎西町の墓標を事例として－」『水野正好先生古稀記念論集　続文化財学論集　第二分冊』，2003.

清水敦子「墓標の社会史－個人墓標から代々墓標へ－」『山形県川西町調査報告書Ⅰ　地域研究の方法と課題』（平成 19 年度岡田ゼミナール研究年報）東北福祉大学総合福祉学部岡田ゼミナール，2008.

清水慎也『山口県における近世墓標の一様相』『多知波奈の考古学－上野恵司先生追悼論集－』橘考古学会編，2008.

清水琢哉「近世墓石の変遷」『魂の考古学－豆谷和之さん追悼論文編－』豆谷和之さん追悼事業会，2016.

清水東四郎「烏八臼に就きて」『考古学雑誌』第 8 巻第 8 号，1918.

首藤光幸「龍福寺跡墓碑調査報告　童子・童女墓碑について」『みやざき民俗』第 56 号　宮崎民俗学会，2003.

白石太一郎『近畿地方における中・近世墓地の基礎的研究（平成 9 年度～平成 12 年度科学研究費補助金《基盤研究（A）(2)》研究成果報告書)』，2001.

白石太一郎「中・近世の大和における墓地景観の変遷とその意味」『地域社会と基礎信仰』（国立歴史民俗博物館研究報告』第 112 集)　国立歴史民俗博物館，2004.

白石太一郎，村木二郎編『大和における中・近世墓地の調査』(『国立歴史民俗博物館研究報告』第 111 集)　国立歴史民俗博物館，2004a.

白石太一郎，村木二郎編『地域社会と基礎信仰』（国立歴史民俗博物館研究報告』第 112 集)　国立歴史民俗博物館，2004b.

白神典之「転用された一石五輪塔－特に堺環濠都市遺跡における紀年銘塔例の場合」『網干善教先生古稀記念考古学論集』，1998.

新宿区教育委員会『国史跡林氏墓地調査報告書』，1978.

新宿区教育委員会『自證院遺跡－新宿区立富久小学校改築工事に伴う緊急発掘調査報告書－』，1987.

(財)新宿区生涯学習財団『新宿区埋蔵文化財緊急調査報告集 I』，2004.

深大寺『深大寺学術総合調査報告書　第二分冊　－建築・石造物・歴代住職墓石－』，1987.

新谷尚紀「家の歴史と民俗－上田三家の世代継承と先祖認識－」『国立歴史民俗博物館研究報告』第 69 集，1996.

新谷尚紀「村落社会と社寺と墓地」『地域社会と基礎信仰』（国立歴史民俗博物館研究報告』第 112 集)　国立歴史民俗博物館，2004.

新村出，濱田耕作「京都及其の附近発見の切支丹墓碑」『吉利支丹遺物の研究』濱田耕作編　刀江書院，1926.

新和町教育委員会　編『新和町の文化財 3　近世墓石』　新和町教育委員会，1983.

水稲文化財研究所・紀ノ川流域研究会『紀伊国相賀荘地域総合調査』，2005.

菅原正明「石に刻まれた祈りの形－根来寺の中世石造物群」『財団法人和歌山県文化財センター設立 10 周年記念　祈りの考古学』　財団法人和歌山県文化財センター，1998.

菅原正明『久遠の祈り』（紀伊国神々の考古学　第 2 巻)，2002.

鈴木武「摩耶山の一石五輪塔群資料」『歴史考古学』9 号　歴史考古学研究会，1982.

鈴木宏美「近世墓標の形態変遷－湯沢町三俣の墓標調査－」『新潟考古談話会会報』第 20 号　新潟考古談話会，1999.

鈴木洋平「石塔化と『無縁』」『日本民俗学』257 号，2009.

鈴間智子「近世渡り石工による石造物制作活動の実態復元」『旅の文化研究所　研究報告』第 23 号　旅の文化研究所，2013.

角南聡一郎『日系塔式墓標の展開と変容に関する物質文化史的研究－旧日本植民地における日本文化受容と南島・台湾・中国の在来墓標との関係－』(2005 ～ 2007 年度科学研究費助成金若手研究（B）研究成果報告書)，2008.

角南聡一郎「箱仏と家形石造物の世界－先人に学ぶ用語の成立と定義－」『論集　葬送・墓・石塔　狭川真一さん還暦記念論文集』，2019.

関口慶久「御府内における近世墓標の一様相－東京都・牛込神楽坂周辺の寺院群の墓標調査から－」『立正考古』38・39 合併号，2000.

関口慶久「「墓標」の名称を考える」『墓標研究会会報』3 号，2001.

関口慶久「戒名・法名考」『大和における中・近世墓地の調査』(『国立歴史民俗博物館研究報告』第 111 集)　国立歴史民俗博物館，2004a.

関口慶久「近世東北の「家」と墓」『地域社会と基礎信仰』（国立歴史民俗博物館研究報告』第 112 集)　国立歴史民俗博物館，2004b.

関口慶久「洛中における中世～近世墓標の一様相－京都市本圀寺墓地の墓標調査－」『考古学の諸相』Ⅱ　坂詰秀一先生古希記念論文集，2006.

関口慶久「子供の墓の成立と展開」「城下町松前の周辺村落の諸相」『近世墓と人口史料による社会
　構造と人口変動に関する基礎的研究』（研究代表者：関根達人　平成 19 ～ 21 年度科学研究費補
　助金研究成果報告書），2010．

関沢まゆみ「墓郷・水郷・宮郷をめぐる民俗学的考察」『地域社会と基礎信仰』（国立歴史民俗博物
　館研究報告）第 112 集）　国立歴史民俗博物館，2004．

関根達人「文化財としての近世墓」『宮城歴史科学研究』49 号，2000．

関根達人編『津軽の飢饉供養塔』（弘前大学人文学部文化財論ゼミナール調査報告 3），2004．

関根達人編『下北・南部の飢饉供養塔：補遺津軽の飢饉供養塔』（弘前大学人文学部文化財論ゼミナー
　ル調査報告 5），2005．

関根達人編『津軽の近世墓標』（弘前大学人文学部文化財論ゼミナール調査報告 7），2007a．

関根達人『供養塔の基礎的調査に基づく飢饉と近世社会システムの研究』（文部科学省科学研究費
　補助金研究成果報告書），2007b．

関根達人『近世墓と人口史料による社会構造と人口変動に関する基礎的研究』（文部科学省科学研
　究費補助金研究成果報告書），2010．

関根達人「石廟の成立と展開」『日本考古学』32 号　日本考古学協会，2011．

関根達人編『松前の墓石から見た近世日本』　北海道出版企画センター，2012．

関根達人「近世石造物からみた蝦夷地の内国化」『日本考古学』36 号　日本考古学協会，2013a．

関根達人『函館・江差の近世墓標と石造物』（平成 22 年度 `225 年度科学研究費補助金中近世北方交
　易と蝦夷地の内国化に関する研究（基盤研究（A））研究成果報告書），2013b．

関根達人編『越前三国湊の中近世墓標』（平成 26 年度～ 30 年度　科学研究費補助金　石造物研究
　に基づく新たな中近世史の構築），2015．

関根達人編『越前敦賀湊の中近世石造物』（平成 26 年度～ 30 年度　科学研究費補助金　石造物研
　究に基づく新たな中近世史の構築），2016．

関根達人『墓石が語る江戸時代　大名・庶民の墓事情』，2018a．

関根達人編『若狭小浜湊の中近世石造物』（平成 26 年度～ 30 年度　科学研究費補助金　石造物研
　究に基づく新たな中近世史の構築），2018b．

関根達人「津軽・下北の近世海運関連石造物」『弘前大学国史研究』144 号，2018c．

関根達人『石に刻まれた江戸時代』　吉川弘文館，2019a．

関根達人編「特集 墓石の考古学」『季刊考古学』第 149 号　雄山閣，2019b．

関根達人・澁谷悠子「津軽の近世墓標・過去帳にみる社会階層」『北方社会史の視座　歴史・文化・
　生活』第 1 巻　清文堂出版，2007a．

関根達人・澁谷悠子編『津軽の近世墓』（弘前大学人文学部文化財論ゼミナール調査報告 7），2007b．

関根達人・澁谷悠子「墓標からみた江戸時代の人口変動」『日本考古学』第 24 号　日本考古学協会，
　2007c．

瀬峰町教育委員会「旧仙台領栗原郡藤沢村・富村・中村における近世墓標の出現について－宮城
　県栗原郡瀬峰町にある近世墓標の調査－」『下藤澤Ⅱ遺跡』（瀬峰町文化財調査報告書第 6 集），
　1988．

添田町教育委員会『英彦山大河辺山伏墓地』（添田町埋蔵文化財調査報告書第 3 集），1996．

大護八郎「墓石－その現在的視点から－」『日本の石仏』41 号，1987．

台東区池之端七軒町遺跡調査会『池之端七軒町遺跡（慶安寺跡）』，1997．

田井中洋介「近江の一石五輪塔についての研究ノート」『菟原Ⅱ』（森岡秀人さん還暦記念論文集），
　2012．

田岡香逸「一石五輪塔年代考」『史迹と美術』第 321 号，1962．

高岡町教育委員会『八反田・川子地区墓地群　八反田遺跡　－県営ふるさと農道緊急整備事業（小
　山田地区）に伴う埋蔵文化財調査報告書 6 －』（高岡町埋蔵文化財調査報告書第 35 集），2005．

高岡を語る会『龍福寺跡墓碑調査』　高岡を語る会，2005．

文　献

高崎市『新編高崎市史　資料編 13　近世石造物　－墓石編－』，2003.

高田十郎「山城木津の古銘文」『考古学雑誌』第 18 巻第 11 号，1928.

高田陽介「境内墓地の経営と触穢思想－中世末期の京都に見る－」『日本歴史』456 号，1986.

高田陽介「中世都市堺の墓地－石塔の再評価－」『史学雑誌』104－4．1995.

髙橋学「一石五輪塔と五輪卒塔婆」『論集　葬送・墓・石塔　狭川真一さん還暦記念論文集』，2019.

高浜町誌編集委員会『高浜町誌資料　高浜町の墓塔研究』，1964.

高松市教育委員会『神内家墓地石塔群－香川県高松市西植田町所在五輪塔群・宝篋印塔の調査－』，2005.

高山優「安蓮社　三井家墓所の調査」『港区文化財調査集録』1，1992a.

高山優「安蓮社　近藤甫泉集の調査」『港区文化財調査集録』1，1992b.

多伎町教育委員会『田儀櫻井家－田儀櫻井家のたたら製鉄に関する基礎調査報告書』，2004.

竹岡俊樹「考古学は文化を語れるか－近世宝篋印塔の型式学的分析をとおして－」『古代文化』第 53 巻第 1 号　(財)古代学協会，2001.

竹岡俊樹「接触による文化変容の型式学的モデルの作成」『古代文化』第 58 巻第 1 号　(財)古代学協会，2006.

竹田憲治「二石五輪塔考」『論集　葬送・墓・石塔　狭川真一さん還暦記念論文集』，2019.

竹田市教育委員会『岡藩城下町遺跡群竹田地区南部遺跡群Ⅴ』，1994.

竹田市教育委員会『中川午之助屋敷群・稲荷谷近世墓地群』(一般国道 502 号線改良工事埋蔵文化財発掘調査概報Ⅲ)，1998.

竹田聴洲「両墓制村落における詣墓の年輪 (1)(2)」『佛教大学研究紀要』49・52 号，1966.

竹田聴洲「一六世紀墓碑初現形態と村落構造の地域差」『村落社会研究』第 6 集，1970a.

竹田聴洲「石碑墓の源流」『日本歴史』265 号，1970b.

竹田聴洲『民俗仏教と祖先信仰』，1971.

田代郁夫・若松美智子「二神家墓地中間報告」『歴史と民俗』18 号 (神奈川大学日本常民文化研究所論集 18)，2002.

立山町教育委員会『立山信仰宗教集落－岩峅寺－石造物調査報告書』(立山町文化財調査報告書第 33 冊)，2012.

田中健司『書写山円教寺歴代墓塔の研究』　郷土文化協会，1969.

田中藤司「東京近郊大農家における近世末の墓石再編」『墓標研究会会報』4 号，2001.

田中藤司「死を記念する／記念しなおす－農村家族史のなかの位牌・墓標史料－」『民衆史研究』73 号，2007.

田中藤司「墓標研究の展望」『江戸の祈り－信仰と願望－』，2004a.

田中藤司「家譜・墓標の作成と再編－熊本県天草・庄屋家の事例－」『東アジア家系記録（宗譜・族譜・家譜）の総合的比較研究（平成 13 年度～平成 15 年度科学研究費補助金基盤研究〈B〉〈1〉研究成果報告書）』，2004b.

田中真砂子「共同体・家・個人－三重県菅島の二つの墓をめぐって－」『家族と墓』　早稲田大学出版部，1992.

田中裕介「大分県の近世墓碑」『大分県地方史』第 137 号，1990.

田中裕介「大分県における近世墓研究の軌跡と論点－最近二十年間の考古学的研究を中心に－」『大分県地方史』第 184 号，2002.

田中裕介「日本におけるキリシタン墓地の類型とイエズス会の適応政策」『論集　葬送・墓・石塔　狭川真一さん還暦記念論文集』，2019.

谷川章雄「近世墓塔の分類と編年について」『文research考古連絡誌』3 号，1980.

谷川章雄「近世墓塔の形態分類と編年について－千葉県市原市高滝・養老地区の調査－」『早稲田大学大学院文学研究科紀要別冊』10　哲学・史学編，1984.

谷川章雄「近世墓標の類型」『月刊考古学ジャーナル』288 号，1988.

谷川章雄「近世墓標の変遷と家意識−千葉県市原市東高滝・養老地区の近世墓標の再検討−」『史観』
　　121 冊，1989.

谷川章雄「江戸および周辺村落における墓制の変遷」『帝京大学山梨文化財研究所シンポジウム報
　　告集「中世」から「近世」へ』−考古学と中世史研究 5 −　名著出版，1996.

谷川章雄「近世墓標の普及の様相−新潟県佐渡郡両津市鷲崎，観音寺墓地の調査−」『ヒューマン
　　サイエンス』14 号，2001.

谷川章雄「近世墓標の普及をめぐって」『墓標研究会会報』第 7 号，2002.

谷川章雄『江戸の墓制・葬制の考古学的研究』，2010.

谷川章雄「江戸の墓と家と個人」『東洋英和女学院大学死生学研究』2011，2011.

谷川章雄「江戸及び周辺の墓標をめぐる問題」『市史研究いちかわ』4 号，2013.

谷川章雄「近世の墓石に刻まれた地名：城下町松前の近世墓標調査から」『地名と風土：人間と大
　　地を結ぶ情報誌』10 号，2016.

谷川章雄・林久美子『雲光院遺跡』　江東区教育委員会，2010.

田村昌宏「九泉Ⅳ　野田山墓地覚書　横山家墓地について」『石川県埋蔵文化財情報』4　石川県埋
　　蔵文化財センター，2000.

千々和實「本門寺近世初期石塔が示す江戸首都化の標識」『史誌』3　大田区史編纂員会編，1975.

茅野市教育委員会『国史跡　高島藩主諏訪家墓所　上原頼岳寺高島藩主廟所調査報告書』，2017.

千葉隆司「銚子石の石塔文化−霞ヶ浦北岸地域の様相−」『筑波学院大学紀要』第 3 集，2008.

中世葬送墓制研究会『東海と近畿の石造物から見た中世墓の終焉−一石五輪塔を中心として−』（第
　　9 回中世葬送墓制研究会資料），2017.

中世葬送墓制研究会『北陸地域の見た中世墓終焉期を探る−石造物を中心として−』（第 12 回中世
　　葬送墓制研究会資料），2018a.

中世葬送墓制研究会『中世墓の終焉と石造物』（第 13 回中世葬送墓制研究会資料），2018b.

筑紫敏夫「墓標からみた江戸湾沿岸防備」『都市周辺の地方史』，1990.

辻尾榮一「東京谷中・感應山常在寺所在の墓碑」『郵政考古紀要』34 号，2004.

津南町教育委員会『相吉遺跡』，1995.

津南町教育委員会『芦ヶ崎西平遺跡』，2002.

津南町教育委員会『岡原 A 遺跡』，2004.

坪井良平「背光型五輪塔」『考古学』第 2 巻 1 号，1931.

坪井良平「墓標妄言」『考古学』第 4 巻 5 号，1933.

坪井良平「大和輿山の墓標−資料−」『考古学』第 6 巻 8 号，1935.

坪井良平「一石五輪塔−墓標資料−」『考古学』第 7 巻 1・2 号，1936.

坪井良平「山城木津惣墓墓標の研究」『考古学』第 10 巻 6 号，1939.

鶴田善次郎「烏八臼に就いて」『熊谷郷士會誌』第 7 号，1942.

鶴田文史『天草の歴史文化探訪』　天草文化出版社，1986.

出越茂和「野田山近世墓地研究序説」『加能史料研究』第 13 号，2001.

寺島文隆「福島市黒岩所在の頭書ある墓標について」『福島考古』22　福島考古学会，1981.

土井卓治『石塔の民俗』，1972.

土井卓治「東北地方の墓と石塔」『仏教民俗の領域』，1978.

東京学芸大学日本中世史研究会『紀伊国荒川荘現地調査報告』Ⅰ・Ⅱ，1991・1993.

東北芸術工科大学 文化財保存修復研究センター『佛向寺の墓標調査報告書−天童市における墓標の
　　成立と展開−』（平成 18 年度文部科学省オープンリサーチセンター整備事業），2007.

時津裕子「近世以降の墳墓の型式学的研究−筑前秋月城下を中心として−」『人類史研究』10 号，
　　1998.

時津裕子「近世・近代墓の計量考古学的分析－筑前秋月における櫛形墓石の変化」『人類史研究』11号，1999.

時津裕子「近世墓にみる階層性－筑前秋月城下の事例から－」『日本考古学』9号，2000.

時津裕子「近世墓標研究の射程－墓石から何を読むか－」『帝京大学山梨文化財研究所研究報告』第10集，2002.

時津裕子「環日本海文化交流史調査研究集会の記録　近世墓にみる断層性　筑前秋月藩城下の寺院墓地を対象として」『石川県埋蔵文化財情報』33　石川県埋蔵文化財センター，2015.

德永茂二「奄美・瀬戸内町島役人墓碑調査記録」『南島研究』第51号　南島研究会，2010.

豊島区遺跡調査会「墓石から読み解く眞性寺の歴史」『巣鴨百選』116号，2004.

利島村『利島村史－研究・資料編－』，1996.

鳥取県埋蔵文化財センター『門前上屋敷遺跡Ⅱ　門前鎮守山城跡』（鳥取県埋蔵文化財センター調査報告17），2007a.

鳥取県埋蔵文化財センター『門前第2遺跡Ⅱ（菖蒲田地区）』（鳥取県埋蔵文化財センター調査報告18），2007b.

鳥羽正剛「高野山の粗製一石五輪塔と寺位牌に関する考察」『論集　葬送・墓・石塔　狭川真一さん還暦記念論文集』，2019.

飛田英世「行方郡における石塔用石材の搬入とその背景－戦国期から近世前期を中心に－」『領域の研究』（阿久津久先生還暦記念論集）　阿久津久先生還暦記念事業実行委員会，2003.

富山市日本海文化研究所『富山湾岸における越前式笠付墓標分布調査報告書』（『富山市日本海文化研究所紀要』第8号），1995.

豊田徹士「岡藩における「儒式墓」『石造文化財』第6号　石造文化財研究所，2014.

豊田徹士「御嶽神社神主「加藤筑後守長古」墓を中心に見た近世神主家の墓塔変遷」『石造文化財』第8号　石造文化財調査研究所，2016.

豊田徹士「大分県竹田市荻町にある「新兵衛塚」に見られる先祖祭祀の一例」『石造文化財』第9号　石造文化財調査研究所，2017.

豊田徹士「近世豊後国農民祖先祭祀の一例」『石造文化財』第10号　石造文化財調査研究所，2018.

豊中市教育委員会『大阪府指定春日大社南郷目代今西氏屋敷総合調査報告書』，2008.

都立一橋高校内遺跡調査団編『江戸』，1985.

中川成夫「平泉における近世墓地・石塔類の調査」『Mouseion』14　立教大学博物館学講座，1968.

長沢利明「近世石造墓塔の歴史的変化」『日本民俗学』116号，1978.

中嶋利雄「宮津谷の墓塔調査」『両丹地方史』第50号　両丹地方史研究者協議会，1989.

中須賀真美「座主墓地」『檜原山正平寺』（宇佐風土記の丘歴史民俗資料館報告14），1994.

中西望介「川崎市内における近世初期墓塔について－多摩・麻生区を中心に－」『川崎市文化財調査集録』31　川崎市教育委員会，1996.

中西望介「近世初期墓塔の造立階層と形態－川崎市域の事例を中心に－」『地方史研究』52巻2号，2002.

中西望介「村の成立と鎮守・小祠に関する基礎資料　都築郡編」『都築・橘樹地域研究』　都築・橘樹研究会編，2012.

中野光将「中世末～近世における唐人の考古学的基礎研究」『石造文化財』第6号　石造文化財調査研究所，2014.

永濱宇平『三重郷土誌』，1922.

中山孤村「日本墓制史之研究」『墓蹟』3～9輯，1926～1927.

鍋島隆宏「聖徳太子墓前東福院墓地石塔群－近世寺院歴代墓地の一様相－」『日引』第1号　石造物研究会，2001.

浪岡町史編纂委員会編『浪岡町史』別巻2　浪岡町，2003.

奈良県立橿原考古学研究所『広瀬地蔵山墓地跡－奈良県山辺郡山添村広瀬所在の経塚・墓地跡－（奈良県文化財調査報告書　第51集）』, 1989.

奈良大学考古学研究会「生駒谷における塔婆」『盾列』8号, 1982.

奈良貴史「増上寺院源興院の近世墓標について」『村上徹君追悼論文集』　村上徹君追悼論文集編纂委員会編, 1988.

新座市教育委員会 市史編さん室『大和田の民俗（大和田・北野・菅沢・西堀地区）』（新座市史調査報告書第9集）　新座市, 1985.

西尾克己・樋口英行「平田・小早川正平墓と興源寺周辺の石塔について」『来待ストーン研究』5号, 2004.

西尾克己・稲田信「宍道・川島家墓所にみる石塔の変遷－石龕から竿状石塔へ－」『来待ストーン研究』6号, 2005.

西尾克己・稲田信・樋口英行「王湯・報恩寺の石塔群」『来待ストーン研究』6号, 2005.

西尾市教育委員会『旧法応寺墓所』（西尾市埋蔵文化財発掘調査報告書　第21集）, 2013.

西海賢二「小田原の石造物」『東京家政学院大学紀要』第34号, 1994.

西海賢二「近世墓碑考－泉蔵院の墓碑－」『民衆宗教の構造と系譜』, 1995.

西海賢二「墓制・墓標研究の再構築に向けて」『墓制・墓標研究の再構築－歴史・考古・民俗学の現場から－』　岩田書院, 2010.

西海真紀「柳沢家筆頭家老柳沢権太夫保格の墓所について」『山梨県立考古博物館・山梨県埋蔵文化財センター研究紀要』28, 2012.

西本和哉「近世墓からみた東北三大飢饉：宮城県本吉郡南三陸町志津川の近世墓標の調査から」『宮城考古学』17号　宮城県考古学会, 2015.

西山昌孝「石の塔婆と小さい五輪塔」『ひびき』ニュースレター第10号　石造物研究会, 2007a.

西山昌孝「大阪の一石五輪塔」『日引』第9号, 2007b.

日光山輪王寺『日光山輪王寺釋迦堂境内家光公殉死者墓報告書』, 1999.

日本石仏協会編『日本石仏図典』　国書刊行会, 1986.

日本石仏協会編『続日本石仏図典』　国書刊行会, 1995.

沼田頼輔「墓碑の形式」『掃苔』2巻10号, 1933.

沼津市教育委員会『上香貫霊山寺の近世墓（沼津市史編さん調査報告書　第14集）』, 2002.

根占町教育委員会『天目近世墓』, 1993.

寝屋川市史編纂委員会『寝屋川市史』第2巻（考古資料編2）改訂版, 2018.

野崎清孝「奈良盆地における歴史的地域に関する諸問題－墓郷集団をめぐって－」『人文地理』25巻1号, 1973.

野澤則幸「所謂「伊勢湾沿岸式板碑」について－愛知県宝飯郡音羽町萩・龍源寺所在例から－」『転機』2号, 1988.

野沢均「埼玉県の近世墓について」『埼玉の考古学Ⅱ』, 2006.

野沢均「朝霞4市の近世石造物の造立について－近世石仏の考古学的考察試論－」『埼玉考古　第49号』, 2014.

野尻かおる「荒川区登録文化財の法界寺近世墓塔群調査について」『荒川（旧三河島）の民俗』（荒川区民俗調査報告書6）　荒川区教育委員会, 1999.

野尻かおる「町屋の石造物と信仰」『町屋の民俗』（荒川区民俗調査報告書3）　荒川区教育委員会, 1993.

野村俊之・加藤久雄「石組墓の成立と変化についての予察（福江島旧木の口墓所の潜伏キリシタン墓をめぐって）」『地域総研紀要』13巻1号　長崎ウエスレヤン大学, 2015.

野村俊之・美濃口雅朗「有角五輪塔考－近世九州における異形五輪塔の発生と展開－」『論集　葬送・墓・石塔　狭川真一さん還暦記念論文集』, 2019.

橋口亘「南九州から見た土佐－15～16世紀頃の貿易陶磁出土様相の比較と志布志大慈寺一石五輪塔」『中世土佐の世界と一条氏』高志書院，2010.

橋口亘・松田朝由「鹿児島県南さつま市坊津町の関西系砂岩製宝篋印塔と日引石製宝篋印塔」『南日本文化研究』No.11，2012.

橋口亘・松本信光「鹿児島県志布志市大慈寺の御影石製宝篋印塔・五輪塔」『南日本文化財研究』No.15　南日本文化財研究刊行会，2012.

畑大介「中世～近世の石塔文化と社会」『南部町誌』上巻　南部町，1999.

畑大介「石造馬頭観音の歴史資料性－甲州を中心に－」『帝京大学山梨文化財研究所研究報告』第10集，2002.

幡鎌一弘「中近世移行期における寺院と墓」『地域社会と基礎信仰』（国立歴史民俗博物館研究報告）第112集）　国立歴史民俗博物館，2004.

秦野市『盆地の村』（秦野市史民俗調査報告書5），1986.

服部重蔵「廟式および厨子式墓石」『日本の石仏』42号　日本石仏協会，1987.

服部敬史「墓地から学ぶ」『八王子市郷土資料館だより』No56，57，1995.

服部敬史「近世墓標の調査（Ⅰ）～（Ⅲ）」『東京家政学院生活文化博物館年報』13・16・20号，2003・2006・2010.

林久美子「墓石の流行からみた情報伝達」『松前の墓石から見た近世日本』　北海道出版企画センター，2012.

林是恭「身延山内金石文の研究－墓塔を中心として－」『日蓮教学研究所紀要』34，2007.

林是恭「身延山内金石文の研究－支院坊号塔を中心として－」『日蓮教学研究所紀要』35，2008.

林勇作「中世・供養塔（墓塔）より近世・墓標への変遷一考察」『土佐史談』188号，1992.

林勇作『土佐の石造遺品集』，1995.

原田昭一「豊後国における「配石墓」終焉の一様相－大分県武蔵町綾部氏・報恩寺墓地を通じて－」『大分県立宇佐風土記の丘歴史民俗資料館研究紀要』10号，1997.

原田昭一「墓にみる中世から近世－豊前・豊後における近世墓のはじまり－」『大分縣地方史』第184号，2002.

原田正史「水上村岩野深水家墓碑群の考察」『ひとよし歴史研究』第5号，2002.

播磨定男「中世末期の墓塔－山口県徳山市を事例として－」『徳山大学論叢』39号，1993.

針谷浩一「近世宝篋印塔造立背景をめぐる諸問題」『埼玉県立博物館紀要』第8・9号，1982.

日置川町誌編さん委員会『日置川町史』第1巻（中世編）　日置川町，2005.

樋口英行「来待石製石龕の成立と展開－江戸時代前半を中心に－」『来待石ストーン研究』6号，2005.

久賀島近代キリスト教墓碑調査団編『復活の島－五島・久賀島キリスト教墓碑調査報告書』　長崎文献社，2007.

日田市教育委員会『祇園原遺跡Ⅱ（近世墓編1）』（日田市埋蔵文化財報告書第96集），2010.

日田市教育委員会『祇園原遺跡Ⅱ（近世墓編2）』（日田市埋蔵文化財報告書第101集），2011.

日野一郎「墳墓標識としての石造塔婆（上）（中）（下）」『史迹と美術』第23巻第8～10号　史迹と美術同攷会，1953.

平子鐸嶺「本邦墳墓の沿革」『佛教』146～157号，1899.

平澤和夫「府中市の近世墓の調査の概略について」『府中史談』第12号，1986.

平塚市博物館市史編さん担当『寺院境内調査報告書』（平塚市史別編寺院基礎資料集成1）　平塚市博物館，2000.

弘前市立博物館『弘前の墓』（昭和57年墓確認調査報告書），1983.

廣瀬良弘「近世南関東における墓石造立の形式とその変遷－武蔵国橘樹郡江ヶ崎村寿徳寺墓地を事例として－」『駒澤史学』70号，2008.

福井県教育員会『一乗谷石造遺物調査報告書Ⅰ』－銘文集成－，1975.

福岡県教育委員会『山陽新幹線関係埋蔵文化財調査報告』第 1 集（鞍手・粕屋郡所在遺跡群・春日市門田 2 号墳の調査），1976.

福岡県教育委員会『九州横断自動車道関係埋蔵文化財調査報告 16 － 小郡市所在高松家墓地の調査』福岡県教育委員会，1990.

藤井直正「近世公家墓所の一例－摂関家鷹司家の墓所－」『大手前女子大学論叢』23 号，1989.

藤井直正「江戸文人墓所の探訪」『大手前女子大学論叢』24 号，1990.

藤澤一夫「摂北古金石資料」『考古学雑誌』第 24 巻第 11 号，1934.

藤澤典彦「一石五輪塔」『国東仏教民俗文化財緊急調査報告書』　元興寺文化財研究所，1981.

藤澤典彦「墓塔・墓標」『日本歴史考古学を学ぶ（中）』，1986.

藤澤典彦「中世墓地ノート」『仏教芸術』182 号，1989a.

藤澤典彦「戦国時代の信仰－供養塔と納骨」『季刊考古学』第 26 号，1989b.

藤澤典彦「墓地景観の変遷とその背景」『日本史研究』330 号，1990.

藤澤典彦「歴史時代遺跡の年代－無紀年銘石造遺品の年代推定の方法」『季刊考古学』第 77 号　雄山閣，2001.

藤澤典彦「舟形五輪塔の変容」『元興寺文化財研究所創立 40 周年記念論文集』，2007.

藤澤典彦・狭川真一『石塔調べのコツとツボ』　高志書院，2017.

藤田正篤「日根野付近の在銘石祠と瓦質祠類及び墓碑」『昭和 63 年度有形文化財・無形文化財等総合調査報告書』　大阪府教育委員会，1989.

藤原三千尋「姶良郡隼人町宮正興寺跡歴代住職墓群」『南九州の石塔』第 8 号　南九州古石塔研究会，1989.

藤原良志「一観面石造塔婆の展開と青石塔婆形式」『歴史考古』16　日本歴史考古学会，1968a.

藤原（京田）良志「越前式石廟の展開ならびに形式の源流について（上）（下）」『史跡と美術』383・384 号，1968b.

府中市郷土館『府中市の石造遺物』（府中市郷土資料集 3）　府中市教育委員会，1980.

福生市教育委員会『福生市石造遺物調査報告書（福生市文化財総合報告第21集）』，1989.

福生市教育委員会『福生市石造遺物調査報告書 2（福生市文化財総合報告書第27集）』，1994.

船橋市教育委員会「中野木の墓石塔調査から」『中野木民俗調査報告書』，1978.

古川知明・野垣好史・小林高大・蓮沼優介「富山藩主前田家墓所長岡御廟所基礎調査報告」『富山市考古資料館研究紀要』第 29 号，2010.

古川知明「弥勒菩薩形墓石について　富山県中央部における近世丸彫石仏形墓石の一形態」『大鏡』34　富山考古学会，2013.

古川元也「京都妙覚寺墓地の無縁石造物考－中近世移行期の葬送と石塔造立－」『神奈川県立博物館研究報告　人文科学』28 号，2002.

古川元也「京都本法寺墓地の無縁石造物について」『神奈川県立博物館研究報告　人文科学』33 号，2007.

古川元也「京都本法寺内所在の本阿弥家墓石について」『神奈川県立博物館研究報告　人文科学』34 号，2008.

別府大学文学部「キリシタン墓と中国人墓にみる大航海時代の外来墓制に関する基礎的研究」，2014.

星野紀子「石祠－その無表情を装った石造物について－」『日本の石仏』46 号，1988.

星野玲子「鶴見大学文化財学科所蔵 近世墓石の科学的調査」『鶴見大学紀要．第 4 部，人文・社会・自然科学編』54 号，2017.

墓標研究会『会報』1 号～ 9 号，2000 ～ 2005.

本光寺霊宝会『深溝松平家菩提寺　深溝松平家墓所と瑞雲山本光寺』　松平忠貞・瑞雲山本光寺，2010.

本田洋「西教寺の一石五輪塔」『淡海文化財論叢』第 1 輯，2006.

本田洋「近江における近世の板碑形墓標について」『淡海文化財論叢』第 9 輯，2017.

文　献

本間岳人「近世御用絵師・狩野家の墓標変遷とその背景－池上本門寺所在の奥絵師四家を中心に－」『考古学の諸相』Ⅱ　坂詰秀一先生古希記念論文集，2006．

本間岳人『池上本門寺歴史的石造物の調査』Ⅰ・Ⅱ，2010・2014．

本間岳人「江戸における十七世紀初頭の砂岩製宝篋印塔について」『立正史学』121 号，2017．

本間岳人「東京の一石五輪塔」『論集　葬送・墓・石塔　狭川真一さん還暦記念論文集』，2019．

前沢町教育委員会『川岸場Ⅱ遺跡発掘調査報告書　大室屋敷鈴木家墓地調査報告書』（岩手県前沢町文化財調査報告書第 13 集），2002．

前山精明「越後平野周辺における墓石出現・普及期の墓－近世墓の発掘調査と墓石調査から－」『磨斧作針－橋本博文先生退職記念論集－』，2019．

巻町教育委員会『城願寺跡遺跡・坊ヶ入墳墓』，1985．

政岡信洋「奈良盆地における墓郷と墓制－大和郡山市伝宝墓の事例から－」『鷹陵史学』25 号，1999．

増井有真「近世墓標銘中の月日記載と人の死季」『石造文化財』第 5 号　石造文化財調査研究所，2012．

増井有真「普化宗鈴法寺の墓標からみた廃仏毀釈」『石造文化財』第 9 号　石造文化財調査研究所，2017．

増澤直「福生の特徴ある近世墓」『みずくらいど（福生市史研究）』17，1994．

真玉町教育委員会『真玉地区遺跡群発掘調査概報』1・3，1994・1996．

松井一明，木村弘之「竜洋地域にのこる中世の石塔」『竜洋町史』資料編 1，2007．

松井智「新潟県の近世墓標－考古学からみた墓標について－」『日本の石仏』115 号，2005．

松田朝由「墓標からみた墓観念の歴史的展開～大川郡に所在する 14 墓地の近世から家墓成立期における様相～」『香川考古』第 8 号　香川考古学研究会，2001a．

松田朝由「生駒家歴代当主の墓にみる五輪塔の変遷」『香川考古』第 8 号　香川考古学研究会，2001b．

松田朝由「都市と田舎における近世墓標の展開について」『集落遺跡の類型（発表要旨・資料集）』四国村落遺跡研究会，2001c．

松田朝由「近世墓標からみた人名墓の特質と歴史的展開」『摂河泉とその周辺の考古学』（藤井直正氏古稀記念論文集），2002．

松田朝由「香川県における近世墓標の成立と造立意図の展開」『水野正好先生古稀記念論集　続文化財学論集　第二分冊』，2003．

松田朝由『豊島石石造物の研究 1』財団法人福武学術文化振興財団平成 19 年度瀬戸内海文化・研究活動支援調査・研究助成報告書，2009a．

松田朝由「豊島の石造物」『香川史学』第 36 号，2009b．

松原典明「下野五輪塔考」『考古学の諸相Ⅰ』（坂詰秀一先生還暦記念論文集），1996．

松原典明「石造塔婆研究の現状と今後の視点」『月刊考古学ジャーナル』573 号　ニューサイエンス社，2008．

松原典明『近世宗教考古学の研究』雄山閣，2009．

松原典明「近世王権の墓制とその歴史的脈略」『陵墓からみた東アジア諸国の位相：朝鮮王陵とその周縁』（周縁の文化交渉学シリーズ 3），2011a．

松原典明「近世大名家喪禮実践の歴史的脈略－儒教の受容を中心に－」『石造文化財』第 3 号　石造文化財研究所，2011b．

松原典明「近世武家社会における葬制について：藤堂高久の葬送と喪禮」『日本仏教綜合研究』10 号　日本仏教綜合研究学会，2011c．

松原典明『近世大名葬制の考古学的研究』雄山閣，2012a．

松原典明「林氏墓地の実測調査」『石造文化財』第 5 号　石造文化財調査研究所，2012b．

松原典明「木内石亭の交流と墓碑」『石造文化財』第 6 号　石造文化財調査研究所，2014．

松原典明「近世大名家墓所からみたアイデンティティーの形成：大江姓永井家墓所形成を例として」
　『日本考古学』41 号　日本考古学協会，2016a.

松原典明「土佐南学の墳墓様式から神道墓所様式の成立についての予察」『石造文化財』第 8 号　石
　造文化財調査研究所，2016b.

松原典明「近世大名家から読み解く祖先祭祀（宗教と儀礼の東アジア：交錯する儒教・仏教・道教）
　－（祖先祭祀と家・国家）」『アジア遊学』　勉誠出版，2017a.

松原典明「日出藩主木下家墓所造営とその背景－特に神道との関りを読み解く－」『石造文化財』第
　9 号　石造文化財調査研究所，2017b.

松原典明『近世大名葬制の基礎的研究』　雄山閣，2018.

松原典明「近世大名墓の本質を考える－井伊初期歴代の信仰と思惟から－」『論集　葬送・墓・
　石塔　狭川真一さん還暦記念論文集』，2019.

松本健「江戸の墓制－墓に込められた身分秩序－」『近世・近現代考古学入門』，2007.

松本丘「近世儒家の墓碑形態について－崎門学派を中心に－」『日本学研究』17，2014.

的場匠平「月輪陵域内所在陵墓石塔に見る近世天皇・皇族の墓制」『書陵部紀要．陵墓篇』69 号，
　2017.

真野和夫「霊仙寺旧墓地の調査」『豊後国香々地荘』2（国東半島荘園村落遺跡詳細分布調査概報），
　1995.

三浦聡・荒木志伸「天童市域における墓標石材の傾向－法体寺の悉皆調査を含めて－」『さあべい』
　24 号，2008.

三重県教育委員会『三重県石造物調査報告』Ⅰ・Ⅱ，2009・2013.

三重県埋蔵文化財センター『浄土近世墓地調査報告－近世墓地の発掘調査及び周辺文化財調査－』，
　2006.

三上義夫「姉崎地方医家の分布－主として墓碑の調査に拠る」『掃苔』第 10 巻第 1 号　東京名墓顕
　彰会，1941.

三木治子「霊空爪髪塔一石五輪塔群の性格と特色」『松尾寺地域の歴史的総合調査研究』（和泉市史
　紀要第 5 集）　和泉市史編さん委員会，2000.

三郷市『三郷の墓石（三郷市史調査報告第 4 集）』，1989.

三島市教育委員会『山中城跡三ノ丸第 1 地点－山中公民館建設に伴う埋蔵文化財発掘調査報告書－』，
　1995.

水谷類「ラントウ考試論－下総東部のミヤボトケを手掛かりとして－」『地方史研究』301 号　地方
　史研究協議会，2003.

水谷類「鴻巣市勝願寺の牧野家墓地とラントウ」『埼玉地方史』49 号　埼玉県地方史研究会，2003.

水谷類「ラントウについて」『歴史考古学』52 号，2003.

水谷類「北関東の石堂－中世・近世移行期の墓石文化について考える」『石の比較文化誌』，2004.

水谷類『廟墓ラントウと現世浄土の思想－中近世移行期の墓制と先祖祭祀－』，2009.

水谷類「不可知の墓制－葬・墓・祭の発見－」『墓制・墓標研究の再構築－歴史・考古・民俗学の
　現場から－』　岩田書院，2010.

水野正好「中世－その葬と祭と」『文化財学報』第 5 号　奈良大学文学部文化財学科，1987.

三井紀生「北陸地方における越前式唐破風屋根付墓標の分布に関する考察」『えぬのくに』第 49 号
　江沼地方研究会，2003a.

三井紀生「野田山墓地における越前笏谷石製の石塔類について」『えぬのくに』第 48 号　江沼地方
　研究会，2003b.

三井紀生「越前笏谷石の石造物に見る荘厳形式とその変遷について」『若越郷土研究』第 48 巻 2 号，
　2004.

三井紀生「笏谷石製唐破風屋根付墓標の屋根の形式について」『若越郷土研究』第 55 巻 1 号，2010.

三井紀生「越前式唐破風屋根付墓標について」『北陸石仏の会研究紀要』11 号，2014.

文　献

三井紀生「越前式石廟の形式と地方進出について」『若越郷土研究』第 60 巻 1 号，2015.

南方熊楠「墓碑の上部に烏八臼と鐫る事（其一）（其二）」『集古』141・142 号，1923.

南島原市教育委員会『日本キリシタン墓碑総覧』，2012.

三原市役所『三原市史』第 7 巻（民俗編），1979.

三村清三郎「烏八臼に就ての答」『考古学雑誌』第 8 巻第 9 号，1918.

三村清三郎「烏八臼追加」『考古学雑誌』第 9 巻第 6 号，1919.

宮崎県教育委員会『山内石塔群』（宮崎学園都市遺跡発掘調査報告書第 1 集），1984.

宮崎県埋蔵文化財センター『中山遺跡－国道 327 号高速道路関連緊急整備事業に伴う埋蔵文化財発掘調査報告書－』（宮崎県埋蔵文化財センター発掘調査報告書第 93 集），2004.

宮永　孝「日本におけるオランダ人墓」『社会労働研究』35 巻 2 号，1989.

御幸中学校郷土研究クラブ『幸区の墓石調査－お寺や神社は歴史の宝庫－』，1982.

三好義三「近世墓標の形態と民衆の精神の変化について」『立正大学大学院年報』3，1986.

三好義三「近世墓標資料に見える被葬者と災害との関連性について」『石造文化財』第 5 号　石造文化財調査研究所，2012.

武蔵野美術大学生活文化研究会『東やまとの生活と文化』　東大和市教育委員会，1983.

村木二郎「中山念仏寺墓地の背光五輪塔」『近畿地方における中・近世墓地の基礎的研究』（平成 9 年度～平成 12 年度科学研究費補助金（基礎研究（A）（2））研究成果報告書）　研究代表者白石太一郎，2001.

村木二郎「郷墓と墓郷内の墓地と関係について－天理市中山念仏寺墓地と周辺墓地の調査から－」『大和の郷墓の考古学的研究』（平成 14 年度～平成 15 年度科学研究費補助金（基礎研究（B）（2）研究成果報告書　研究代表者白石太一郎），2004a.

村木二郎「石塔造立からみた惣墓の形成過程」『大和における中・近世墓地の調査』（『国立歴史民俗博物館研究報告』第 111 集）　国立歴史民俗博物館，2004b.

村木二郎「石塔の多様化と消長」『地域社会と基礎信仰』（国立歴史民俗博物館研究報告）第 112 集）国立歴史民俗博物館，2004c.

村木二郎「奈良盆地における一石五輪塔と背光五輪塔」『日引』第 9 号，2007.

村山正市「山形県村山地方における板碑型墓碑の形態分類と変遷試論－山形市・天童市を中心として－」『山形考古』第 5 巻第 3 号（通巻 25 号），1995.

森林太郎「烏八臼の解釈」『考古学雑誌』第 8 巻第 10 号，1918a.

森本太郎「烏八臼の事」『考古学雑誌』第 9 巻第 1 号，1918b.

森山由香里「石造物からみる中世・近世の画期－河内長野市千代田墓地を題材に－」『論集　葬送・墓・石塔　狭川真一さん還暦記念論文集』，2019.

八尾市教育委員会　『八尾市神宮寺墓地（来迎寺共同墓地）調査報告書』，2013.

八木沢誠治「村の墓」『田舎館村誌』下巻　田舎館村，2000.

八木奘三郎『考古精説』，1910.

八潮市教育委員会「八潮の石造遺物調査報告」（その 1・2）『八潮市の文化財』10・11 号，1999・2013.

八千代市教育委員会『神野の民俗』，1981.

柳澤一宏「室生寺における石造物の基礎調査」『研究紀要』14 号　由良大和古代文化研究会編，2009.

山口平八「東漸寺の『烏八臼』に就いて」『熊谷郷土會誌』第 1 号，1936.

山崎孝幸「近世神宮祠司の葬祭の研究－内宮禰宜の墓碑石調査を中心として－」『皇学館論叢』第 28 巻 5 号，1995.

山中笑「烏八臼の諸説を聞て」『考古学雑誌』第 8 巻第 11 号，1918a.

山中笑「烏八臼諸説の追加」『考古学雑誌』第 8 巻第 12 号，1918b.

山梨県埋蔵文化財センター編『下西畑遺跡・西畑遺跡・影井遺跡・保坂家屋敷墓－国道411号（塩山東バイパス）建設工事に伴う発掘調査報告書－』 山梨県教育委員会・山梨県土木部，2002.

横田明「一石五輪塔研究の到達点と課題」『龍谷大学考古学論集Ⅰ』，2005.

横田明，西山昌孝，小林義孝「一石五輪塔は何を語るのか－書を持ち，墓地を巡ろう－（上）（下）」『歴史民俗学』5・6号 歴史民俗学研究会，1996・1997.

横田甲一「関東の板碑型と称される塔に対する私見」『庚申』74号，1973.

横山浩一「型式論」『岩波講座日本考古学』第1巻，1986.

吉井敏幸「大和における惣墓の実態と変遷」『中世社会と墳墓』 名著出版，1993a.

吉井敏幸「中世群集墓遺跡から見た惣墓の成立」『国立歴史民俗博物館研究報告』第49集，1993b.

義江明子「二つの墓地と二つの寺－菅島の両墓制にみる祖霊観－」『両墓制の展開と家族構成－三重県鳥羽市菅島の場合－（昭和63～平成2年度科学研究費補助金一般研究〈B〉研究成果報告書）』，1991.

吉岡康暢・窪田涼子・浜野伸雄・近間強・森本伊知郎「奥能登時国家墓地の調査－上時国家"古墓"を中心に－」『歴史と民俗』7号（神奈川大学日本常民文化研究所論集7），1991.

吉澤悟「奈良盆地とその周辺における近世石塔の造立傾向について」『大和における中・近世墓地の調査』（『国立歴史民俗博物館研究報告』第111集） 国立歴史民俗博物館，2004.

吉田敬道『全盛期の堺　特に現存墓碑より観たる一考察』，1951.

吉田野々「八尾市立久宝寺墓地の無縁墓碑についての調査報告」『八尾市立歴史民俗資料館研究紀要』第16号，2005a.

吉田野々「八尾市立久宝寺墓地内無縁墓の近世墓標の石材について」『関西近世考古学研究』13，2005b.

吉田寛「大分県下における近世墓地発掘調査の成果と課題」『大分県地方史』第184号，2002.

吉田博嗣「廣瀬淡窓の墓所造営と葬送について」『石造文化財』第6号 石造文化財研究所，2014.

吉田博嗣「日田御役所の郡代・代官の墓所について」『石造文化財』第9号 石造文化財調査研究所，2017.

李昌林「塔身形態から見た近世無縫塔」『月刊考古学ジャーナル』288号　ニューサイエンス社，1988.

立正大学考古学研究会熊谷支部「埼玉県大里郡江南町の中～近世宝篋印塔」『立正考古』34号，1996.

立正大学博物館「近世の墓石と墓誌を探る」（立正大学博物館第9回特別展図録），2015.

和歌山井堰研究会『紀ノ川流域堤防井堰等遺跡調査報告書』Ⅰ・Ⅱ，2002・2004.

和歌山県文化財センター『根来寺坊院跡－県道泉佐野岩出線道路改良に伴う根来工区発掘調査報告書－』，1997.

和歌山県文化財センター『桛田荘（窪・萩原遺跡）』，2000.

和田謙寿『墳墓の研究』，1963.

和田謙寿「仏教文化史上における日本墳墓研究の歴史とその方法論的考察」『駒澤大学仏教学部論集』6，1975.

和田謙寿「五輪塔の成立発展を考える」『駒沢大学仏教学部論集』8，1977.

渡部圭一「モノと精神史のあいだ－石塔史料論の自立をめざして－」『墓制・墓標研究の再構築－歴史・民俗・考古の現場から－』 岩田書院，2010.

渡辺龍瑞「墓碑への道－下野北部における江戸初期の墓碑」『民族文化』3巻10号，1942.

渡辺龍瑞「江戸初期墓塔碑の系統と発展－特に那北における墓塔類の出自と諸相－」『栃木県考古学会誌』1集，1966.

索 引

あとがき

　坂詰秀一先生から著する機会をいただいた本書－考古調査ハンドブック「近世墓標」－を上梓させていただくことができた。

　小生と「近世墓標」の「出会い」は，学生時代に遡る。その時の指導教官が坂詰先生であった。卒論の発表を終えたとき，先生から「このテーマをライフワークにしてください」との声を掛けていただき，その後も正にライフワークとして取り組むべく，様々な研究の機会を与えていただいている。

　さて，本書では全国における近世墓標の様相をはじめ，頭書などの特性について著述した。全国各地における研究や調査事例を取り上げ，文献一覧では，近世墓標に関する研究や調査報告など，管見に入った限り幅広く掲げるよう心がけた。

　本書の執筆を通じて，近世墓標は同じ地域でも，また隣接する寺院や墓地であっても，その造立傾向や特徴などが異なった様相を呈していることを再認識し，あらためて近世墓標に関する研究の課題やテーマなどが多々あることを実感した。これらの課題に取り組むには，全国的に見て未だ調査事例のない空白地域（東北や中部，四国などにおける一部地域）では，一地域の一墓地における悉皆調査が，先進地域（関東や近畿中部，九州など）では，旧村，旧郡単位での面的な調査が必要ではないかと思う。

　本書がこれから近世墓標の研究に取り組もうとする方々への問題提起になり，それぞれの地域で少しでも調査がなされればと願っている。

　近年の少子化により，「墓じまい」がなされ，墓地の整理が急速に進み，墓標が滅失している。かつて，坪井良平先生は墓地の移転に伴う緊急的な調査として，山城木津惣墓の墓標調査に取り組まれた。たった一人で，休日を利用して，数年を費やしての調査には只々頭が下がるばかりである。小生自身も問題提起するだけでなく，坂詰先生が提起した「身近な，どこにでもあり，誰でも取り組むことのできる」近世墓標の調査，研究に励みたい。こうした決意を以て，坂詰先生への感謝としたい。

　最後に，執筆の機会をいただいた坂詰先生，様々な助言をいただいた松原典明先生，また編集でご苦労をおかけした皆さまに対して，あらためて感謝を申し上げる。

2021 年 1 月

三好義三

〔著者略歴〕
三好 義三（みよし よしぞう）
1984 年　立正大学 文学部 史学科 卒業
1986 年　立正大学大学院 文学研究科史学専攻修士課程 修了
　　　　 大阪府 阪南町（当時）教育委員会
2010 年　大阪府 阪南市役所

考古調査ハンドブック㉑

近 世 墓 標

令和 3 年 1 月 20 日　　初版発行

〈図版の転載を禁ず〉

著　者　三　好　義　三
発行者　福　田　久　子
発行所　　株式会社 ニューサイエンス社

〒153-0051　東京都目黒区上目黒3-17-8
電話03(5720)1163　振替00150-0-550439
http://www.hokuryukan-ns.co.jp/
e-mail : hk-ns2@hokuryukan-ns.co.jp

印刷・製本　倉敷印刷株式会社

© 2021 New Science Co.
ISBN978-4-8216-0533-0 C3021